121

Alain Rustenholz

Marc Walter / Sabine Arqué

# Legendäre Reisen
## in Deutschland

Aus dem Französischen
von Karin Boden und
Monique Lütgens

**GEOSAISON**

Frederking & Thaler

*Oben:* Ein Stationsvorteher, erkennbar an seiner rot glänzenden Lederschärpe, übergibt einem Fahrgast im Luxuszug »Rheingold« (Aufnahme von 1934) ein Telegramm. Um 1933 beschäftigte die Deutsche Reichsbahn 36 000 Zugführer und Schaffner.
*Rechts*: Reklame des Fabrikanten Albert Rosenham für Reisegepäck, Berlin um 1925.
*Seite 1:* Die Titelseite einer Partitur des *Freischütz* von Carl Maria von Weber (Kupferstich von Marquerie Frères, Paris, um 1825). Damals trällerte ganz Berlin das berühmte »Jungfernkranz«-Lied aus der populären Oper. – Aufkleber des Hotels Vier Jahreszeiten in Aachen (um 1855).

*Seiten 2/3:* Der Rhein an der Mündung der Wisper in der Nähe der kleinen Rheingau-Stadt Lorch.
*Seite 4:* Erinnerungsfoto mit einem von Louis Godard konstruierten Fesselballon im Vergnügungspark von Düsseldorf, 1902.

# Inhalt

# Vorwort

Noch bis weit ins 19. Jahrhundert war das Reisen ein Privileg weniger. Die Söhne des Adels gingen in Begleitung ihres Erziehers auf Kavalierstour, Handwerksburschen absolvierten ihre Wanderjahre, Hausierer, Schausteller, Kesselflicker, Scherenschleifer zogen umher. Selbstverständlich reisten Kaufleute zu Messen, zu Erzeugern oder Abnehmern, und schließlich waren auch die Künstler unterwegs, vorzugsweise die Maler, die es vor allem nach Italien zog. Zum bloßen Vergnügen, zum Zeitvertreib oder um sich zu bilden, reiste kaum jemand. Aus Fernweh machte sich nur Eichendorffs Taugenichts auf den Weg nach Italien, aber der hatte eine Künstlerseele. Manche brachen auch von schierer Not getrieben auf, verließen Heim und Herd für immer: die Auswanderer oder die zahlreichen Emigranten, die der politischen Enge, die in Deutschland herrschte, nach Paris, nach London oder in die Schweiz zu entkommen suchten.

Goethe, den man mehr dem 19. als dem 18. Jahrhundert zurechnen kann, liefert auch hierfür das Exempel. Als Schlachtenbummler und Begleiter des Herzogs von Weimar gelangte er gerade bis Valmy, aber nie bis Paris. Dann reiste er einmal nach Italien, aber das war mehr eine Flucht. Sonst? Zweimal bis in die Schweiz, regelmäßig in die böhmischen Bäder. Das Land der Griechen suchte er, wie viele andere seiner Zeitgenossen, nur mit der Seele.

Der moderne Tourismus war lange Zeit eine »englische Krankheit«. Im November 1864, fünf Jahre nach dem ersten Spatenstich zum Suezkanal, veranstaltete Louis Stangen, ein Berliner, zum ersten Mal eine seiner später sehr beliebten »Gesellschaftsreisen« in den Orient, nach Alexandrien und Ägypten. 17 Personen waren damals mit von der Partie, wahre Pioniere. Für die damaligen Deutschen war das ein ganz und gar ungewöhnliches, ein exotisches Reiseziel. Wohlhabende Bürger, solche, die von Renteneinkünften oder ihrem Vermögen leben konnten, gingen allenfalls ins Bad. Baden-Baden oder Bad Ems, Wiesbaden und Bad Homburg erfreuten sich besonders großer Beliebtheit. Manche reisten auch in die Schweiz, an die oberitalienischen Seen oder gar an die Riviera.

Erst mit der Transportrevolution durch das rasch verknüpfte europäische Eisenbahnnetz nach 1870 und mit der Ausdehnung der Freizeit, die sich als ein Komplementärphänomen der Industrialisierung begreifen lässt, wurde das Reisen langsam zu einem selbstverständlichen Teil der Lebenswirklichkeit von immer mehr Menschen. War es vordem eine Ausnahme, so wurde es jetzt ganz allmählich zum Normalfall, ja, man kann geradezu von einer »Demokratisierung« des Reisens sprechen. Gleichzeitig änderten und vermehrten sich die Reiseziele. Der Orient, Italien wie überhaupt das »Ausland« blieben noch längere Zeit den begüterten Oberschichten vorbehalten; die Mittelschicht, die Beamten und die neue »Klasse« der Angestellten, entdeckte für sich die Reise in die »Sommerfrische«.

Das Phänomen ist leicht einsichtig: Im Zuge der dynamischen Industrialisierung, die durch die Gründung des Deutschen Reichs von 1871 erheblich beschleunigt wurde, im Gefolge von Gewerbe- und Niederlassungsfreiheit strömte die arbeitsfähige Bevölkerung in hellen Scharen vom platten Land in die Städte, die vor allem zwischen 1900 und 1910 einen Wachstumsschub erlebten, der sie zu Großstädten von mehreren hunderttausend Einwohnern ausufern ließ. Das veränderte eingelebte Gewohnheiten, weckte neue, bislang unbekannte Bedürfnisse. So beispielsweise das Verlangen nach Freizeit und Urlaub, danach, an einem Ort zu verweilen, der ganz andere Erlebnisse bot als die vertraute Umgebung. Was vordem nur ein Privileg weniger war, wurde nun ein Anspruch, den als Erstes die Beamten in den 1870er Jahren für sich durchsetzten: 14 Tage Urlaub pro Jahr, allerdings unbezahlt. Diesem Beispiel folgten die Angestellten, schließlich auch die Arbeiter, denen nach der Jahrhundertwende nach und nach eine entsprechende Urlaubsregelung zugestanden wurde. So entstand der Tourismus, in dem das Bedürfnis, den Zwängen der Normalität zu entfliehen, mit der Sehnsucht nach einem schöneren Anderswo verschmolz. Dabei lassen sich deutlich drei Tendenzen unterscheiden: die bildungsbürgerliche Neugier auf die Kunst und Kultur anderer Länder oder Regionen; das Verlangen nach unberührter Natur, nach Bergen, Wäldern und Seen, nach einer Szenerie, die in einem deutlichen Kontrast stand zur Unwirtlichkeit der allzu rasch gewachsenen Industriestädte; und schließlich der Wunsch, die eigene Gesundheit zu fördern, in gesunder Luft sich zu tummeln, zu wandern und zu baden.

Diese unterschiedlichen touristischen Motive bedingten einerseits eine sozialcharakteristische Typologie der Ferienreise, andererseits die »Kolonisierung« unterschiedlicher Urlaubsgebiete. Erst jetzt entstanden beispielsweise die Seebäder an Ost- und Nordsee, die schnell für Familienurlaube beliebt wurden, erst jetzt entdeckte man die Schönheit der Mittel- und Hochgebirge, trat eine ganze Milchstraße von »Luftkurorten« in Erscheinung, erblühten überall »Sommerfrischen« wie etwa in der Sächsischen Schweiz oder im Riesengebirge, wo man sehr preiswert in kleinen Pensionen oder bei Privatleuten Unterkunft fand. Am beliebtesten waren die Alpen und das Alpenvorland sowie Nord- und Ostseeküste, Regionen also, die sich am deutlichsten vom »Normalen« unterschieden.

Schließlich – und das ist ein charakteristisches Merkmal für die aufkommende Reiselust – entstanden Vereine und Organisationen, Kur- und Fremdenverkehrsvereine, kamen Natur- und Wandervereine auf wie der Deutsche Alpenverein, der 1914 über 100 000 Mitglieder hatte. Insbesondere die Jugend wurde von der Wanderlust gepackt, eine regelrechte Wanderbewegung entstand, und mit ihr ein rasch dichter werdendes Netz von Jugendherbergen: 1884 wurde die erste eingerichtet; zehn Jahre später waren es schon 94, und 1913 gab es 640 dieser Einrichtungen, die fast 80 000 Besucher beherbergten.

Aus diesen Anfängen entwickelte sich insbesondere nach dem Ersten Weltkrieg und in Reaktion auf diesen eine regelrechte Jugendbewegung, ein Kult antibürgerlicher Unabhängigkeit, der im »Wandervogel« seinen charakteristischen Ausdruck fand. Aber selbst diese Bewegung trug dazu bei, den Ruf Deutschlands als eines attraktiven, weil vielfältige Möglichkeiten bietenden Reiseziels zu fördern und zu festigen.

*Johannes Willms*
*Paris, Juli 2004*

*Links:* Klein, aber schon mit Stock und Hut auf Wanderschaft wie ein künftiger Handwerksgeselle; im Rucksack eine Leporello-Postkarte mit Ansichten von Regensburg.
*Rechts:* Der deutsche Wald, heute ein Naherholungszentrum, früher Inspirationsquelle romantischer Idyllik in Musik und Dichtung.
*Seite 8:* Damals waren die Koffer noch solide verarbeitet und bleischwer; ein Gepäckträger der Deutschen Reichsbahn um 1930.

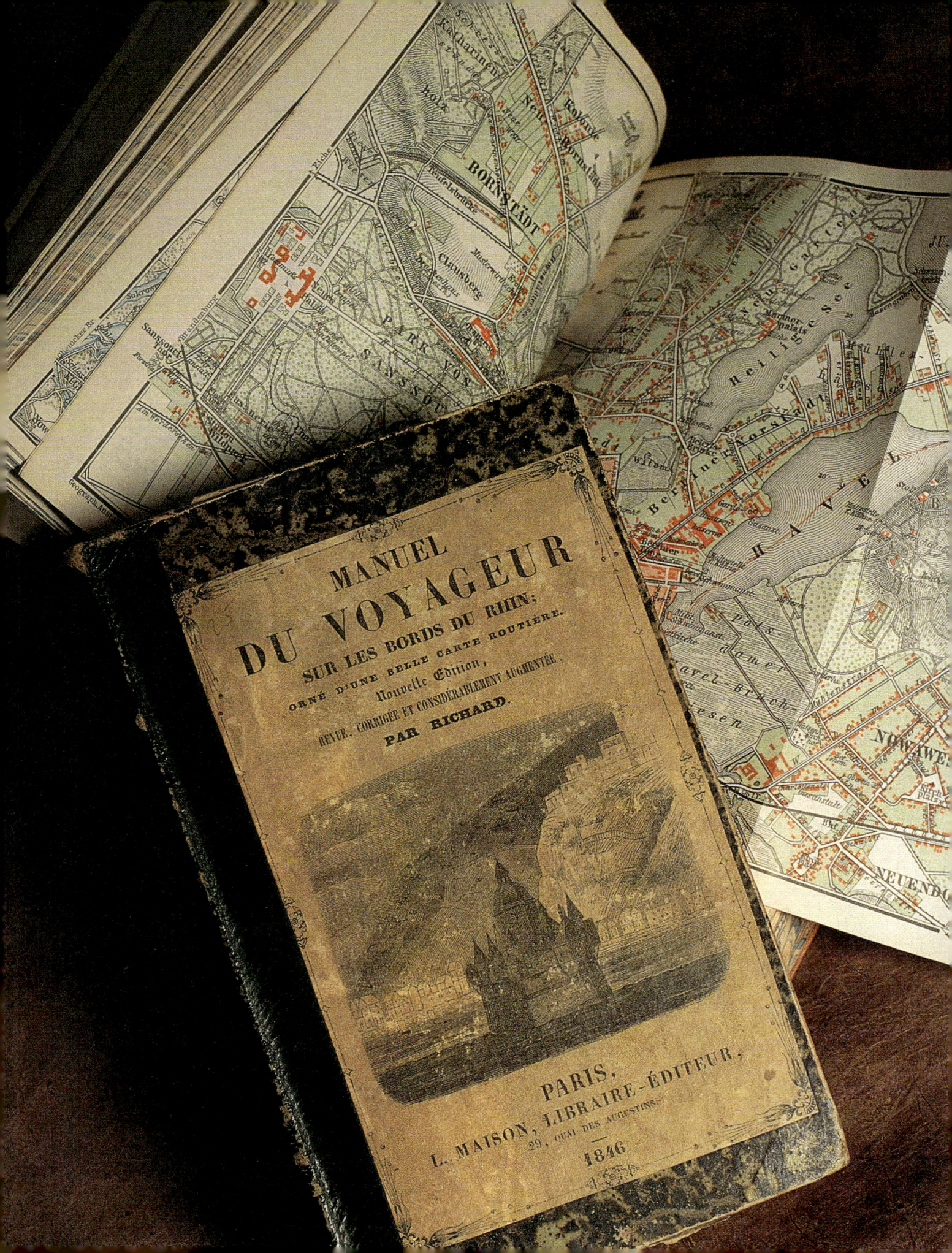

# Reisen in Deutschland

In den Jahren vor dem Ersten Weltkrieg gab es in Berlin am Potsdamer Platz einen riesigen Restaurant-Komplex, das »Haus Vaterland«. Die Saalwände waren mit Bildern aus aller Herren Länder geschmückt, mindestens zwei davon mit deutschen Motiven: einmal eine bayerische Brauerei und die Zugspitze mit dem Eibsee, zum anderen eine Rheinterrasse. Diese Wandbilder waren so anschaulich, dass beim Blick auf den Rhein, auf die lieblichen Hügel, die goldenen Weinberge und die verfallenen Burgen plötzlich wirklich ein heftiges Gewitter tobte, mit ohrenbetäubendem Donner, Furcht erregenden Blitzen und sintflutartigem Regen – mit einem Wort, allem, was Touristen für gewöhnlich die Flucht ergreifen lässt.

Doch genau das ist es, was der Reisende hier sucht. So auch Hector Berlioz, der auf einer Reise durch das Land Goethes sein Werk *Fausts Verdammnis* komponierte.

In Deutschland gibt es nachempfundene Städte, etwa Berlin, das den Beinamen Spree-Athen trägt; München wird auf Wunsch von Ludwig I. auch Athen an der Isar genannt und Dresden das Elbflorenz; sogar Landschaften sind nach anderen benannt: die Sächsische und die Holsteinische Schweiz. Und dann gibt es die Wege der Romantiker, Pfade, die einst von den Minnesängern beschritten wurden, fahrenden Rittern und Sängern wie Parzival, Tristan und Tannhäuser, von den Meistersingern wie denen aus Nürnberg

und von Kaufleuten aus den Hansestädten. Sie alle wurden der Geschichte und der Literatur entlehnt, von den Dichtern aus Jena, Heidelberg und Berlin, von dem Romantiker Novalis – »frei wie der Zugvogel, den es in ferne Länder zieht« –, von Heinrich Heine – »versilbert von den sanften blauen Strahlen des deutschen Mondscheins« – und natürlich von Richard Wagner.

Das Virus ist ansteckend: In der ersten Hälfte des 19. Jahrhunderts erscheinen in Frankreich jedes Jahr ein paar Berichte über Reisen in Deutschland und bisweilen ebenso viele Reiseführer; allein fünfzehn im Jahr 1842. Ihren Seiten entsteigen »die anmutigen Segel, welche die großen Flüsse Deutschlands so pittoresk erscheinen lassen«. Bei gutem Wind legen sie acht bis neun Kilometer in der Stunde zurück, und der Fahrpreis für sechs bis acht Kilometer auf der Mosel, dem Rhein, dem Main, dem Neckar, der Donau, der Elbe und dem Bodensee beträgt einen Pfennig. Bald werden sie von den Dampfschiffen abgelöst; aber dennoch dauert die Fahrt stromaufwärts um die Hälfte länger. Die Flüsse sind häufig nicht zu jeder Jahreszeit schiffbar. So sind die Sommer 1838 und 1843 so brütend heiß, dass der

*Links:* Französische Ausgabe des *Baedeker* und des *Handbuchs für den Reisenden an den Ufern des Rheins – Künstlerischer, malerischer und historischer Reiseweg*, 1846 in Paris erschienen. Derselbe Verleger bietet auch ein *Handbuch für den Reisenden in Deutschland. Reiseweg für Künstler, Kaufleute, Liebhaber* an. *Rechts:* Ankunft im Gasthof eines bayrischen Dorfes (aus einem Reisejournal um 1880).

D-ZUG
nach
Kufstein-Innsbruck
Verona-Rom.

fahrplanmässige
Abfahrt

Pers
Rose
Ku

Rhein zwischen Straßburg und Iffezheim bei Baden-Baden fast austrocknet und man Dresden trockenen Fußes über die Elbe erreicht.

Die Eisenbahn zwängt sich am Rhein entlang durch ein enges Tal, die weißen Segel und die blütenweißen Rümpfe der Dampfschiffe werden an beiden Ufern von den weißen Dampfwolken der Lokomotiven eskortiert, und die Schwarzwald-Bahn hat bereits Panoramawaggons, die Furcht erregende Ausblicke auf die Wände des Höllentals bieten. Die Eisenbahn spannt ihre Bögen aus Eisengeflecht über die Flüsse, und die Brücken öffnen sich noch jede Viertelstunde, um Dampfer und Segelboote, die an einer langen, von einem Schleppkahn gezogenen Kette festgebunden sind, passieren zu lassen.

Deutschland existiert erst seit kurzem. Als Karl Baedeker sich in Koblenz auf die Herausgabe von Reiseführern verlegt, übernimmt er 1832 die *Rheinreise von Mainz bis Cöln* von Johann August Klein und widmet den nächsten Band 1844 der Schweiz; erst der dritte »Baedeker« beschreibt das gesamte Deutschland. Sichtbares Zeichen: In den Straßen der Festungsstadt Mainz begegnet der Tourist allenthalben gleich vielen österreichischen und preußischen Soldaten von den beiden bestimmenden Mitgliedern des Deutschen Bundes. Für den Reisenden hat das keine Folgen. Muss man in Bruchsal den Zug des Großherzogtums Baden verlassen, um in den des Königreichs Württemberg zu steigen, braucht man auf diesem Zweiländer-Bahnhof nur den Bahnsteig zu überqueren; und erklärt wird alles ganz genau

in *Hendschels Telegraph*, dem Anzeiger der Eisenbahn- und Dampfschifffahrtsgesellschaft, der jeden Monat in Frankfurt am Main nach den offiziellen Fahrplänen der Postverwaltung des Fürsten von Thurn und Taxis erstellt wird. Überall sieht der Reisende Blumen und Früchte aus wärmeren Ländern, kann Farben und exotische Düfte, die es hier in der Natur nicht gibt, in Gärten und Geschäften erleben. »Heute Abend im Café sehe ich Leute in Stiefeln, die bis zum Bauch reichen, eine Ananas kaufen: Mignons Sehnsucht nach dem Land der Orangen!«, schreibt Jules de Goncourt in seinem *Journal*. Und die Franzosen stellen einmütig fest, dass die Frauen sich hier mehr zeigen, sich freizügiger kleiden und freier bewegen. So bewundert Gautier in Hamburg junge Mädchen aus dem Kleinbürgertum beim Einkaufen, die mit offenem Haar, dekolletiert und mit nackten Armen trotz der recht frischen Herbstluft durch die Straßen schlendern. Die Brüder Goncourt, notorische Frauenfeinde und eingefleischte Junggesellen, fassen in Deutschland mit einem Mal die Liebe und sogar die Möglichkeit einer Heirat ins Auge: »Die Berliner Frauen haben einen ganz besonderen Charme: ein Lächeln mit den Augen und den Lippen, das sie dem vorübergehenden Fremden unbefangen wie eine Gefälligkeit und einen Willkommensgruß zuwerfen; ein Lächeln, das für eine Sekunde einen ganzen Roman im Kopf entstehen lässt, den einen ein anderes Lächeln wieder vergessen macht, so wie der Duft einer Blume in einem Strauß den Duft einer anderen Blume vergessen lässt.« Und Hippolyte Taine berichtet aus Sachsen: »Freiheit der jungen Mädchen und Frauen. Ein junges Mädchen reitet hoch zu Pferd, sie kann allein ins Theater (Ende um neun Uhr), kann allein auf die Straße gehen und begibt sich allein mit ihrer Mutter ins Café Brühl.«

In Mannheim, wo 1782 Schillers *Räuber* uraufgeführt wurden, ist das kürzlich renovierte Theater so beliebt, dass die Fahrpläne der Züge aus Heidelberg, Speyer und Mainz eigens auf die Theatervorstellungen abgestimmt worden sind. Jacques Offenbach inszeniert seine komischen Opern im Kurtheater von Baden-Baden oder im Kursaal von Bad Ems ebenso wie in den *bouffes*, den Vorstadttheatern von

*Linke Seite:* Auf einem Ausflugsdampfer auf dem Starnberger See in Bayern (aus einem Reisealbum, 1880).

*Oben:* Die Festung Ehrenbreitstein, die mit dem linksrheinischen Koblenz durch eine Pontonbrücke verbunden war (Aufnahme um 1910).

*Links:* Am Rheinufer in Bonn um 1909. Von der Zollbrücke aus (5 Pfennige Brückenzoll) hat man einen sehr schönen Blick auf das Siebengebirge.

*Seiten 14/15:* Bahnsteige am Münchner Hauptbahnhof (1912); Eisen- und Stahlkonstruktion von 1877–1883.

*Seiten 17/18:* Ansichtskarte von 1898 mit Blick aus einem Zugabteil auf den Düsseldorfer Bahnhofsplatz.

*Faksimile:* Aufbruch in die Ferien: allegorische Darstellung in einer Broschüre über den Schwarzwald aus den 30er Jahren.

DÜSSE

...DORF — Hauptbahnhof mit Vorplatz.

Franzosischer Hof

Trinkhalle m. Kaiser Wilhelm Monument.

*Oben:* Ansichtskarte des Hotels Französischer Hof in Baden-Baden zwischen Bahnhof und Kurhaus, 1905.
*Links:* Ein Abstecher von der Mosel
zum unteren Elzbach, über dem sich
die Burg Eltz erhebt, eine der best-
erhaltenen Burgen des Mittelalters.

*Unten:* Die schönsten Kinderkostüme
beim Rosenmontagszug im Kölner
Karneval von 1930.
*Rechts:* Speisewagen nach dem
Vorbild der amerikanischen Pullman-
Züge erhöhten ab 1880 in Deutsch-
land den Komfort des Reisens.

Paris. Fremde kommen nach München, um in der Kunsthauptstadt Deutschlands einen Monat lang »eine Kur in Ästhetik« zu machen, wie ein Journalist notiert.

Und die Welt, an der Spitze Paris, kommt zum Spielen in die eleganten Casinos von Aachen, Bad Ems, Wiesbaden und Bad Homburg. »Gehen Sie ins Restaurant neben dem Kursaal und versuchen Sie, einen Tisch in Fensternähe zu bekommen; bei Forelle blau, dazu einer Flasche weißem Steinberg Kabinett, sehen Sie eine bunte, fein herausgeputzte Welt vorüberziehen: England, Russland, Amerika, Deutschland, Polen und Frankreich flanieren an Ihnen vorbei, alle Länder dieser Erde sind hier modisch vertreten«, schreibt Théophile Gautier.

Nachdem Wilhelm I. am 18. Januar 1871 zum Kaiser ausgerufen wurde, verweigern sich die Franzosen dem Roulettespiel des Siegers, aber die Engländer und Amerikaner kommen auch weiterhin. Und für Spieler ist das Kuren nicht nur ein Vorwand: Gegen Ende des Jahrhunderts zählt man jährlich 10 000 bis 12 000 Badegäste in Bad Homburg und ebenso viele in Ems, 50 000 in Baden-Baden, mehr als

8000 in Aachen wie auch in Wiesbaden; dort sind es zu Beginn des neuen Jahrhunderts jährlich sogar 120 000.

Als erstes Land in Europa experimentiert Deutschland nach 1860 mit durchgängigen Waggons und der Einführung eines Speisewagens ab einer gewissen Streckenlänge. Es folgen die Luxuszüge der internationalen Bahngesellschaft Wagons-Lits, die durchs ganze Land fahren: der Orient-Express, der Paris–Karlsbad- und der London–Karlsbad-Express, die Bahnlinie von Lissabon nach St. Petersburg und Moskau und einige mehr. Zur Liste der legendären Hotels – dem Bayerischen Hof und dem Vier Jahreszeiten in München – kommen nun der Frankfurter Hof in der namengebenden Stadt hinzu, zum Hôtel de Rouen und dem Hotel Petersburg in Berlin das Hotel Kaiser, die renommiertesten jener Zeit, in der Heine jeden Tag im Café Royal, fast gegenüber, E. T. A. Hoffmann treffen konnte.

Am Fuß der Loreley springen weniger Lachse – der Schiffs- und Zuglärm vertreibt sie. Autofahrer dürfen auf den Landstraßen, solange sie Herr über ihr Fahrzeug bleiben, die Geschwindigkeit erhöhen, die in bewohnten Gebieten auf 15 Stundenkilometer begrenzt ist und an engen und unübersichtlichen Stellen auf Schritttempo reduziert werden muss. In Dresden zählt man 1000 Amerikaner, die Engländer sind weniger geworden, seit die Sachsen im südafrikanischen Krieg für die Buren Partei ergriffen haben.

Europa, das bislang ins Thermalbad reiste, probiert nun den Schnee in Garmisch und Partenkirchen aus, so auch Richard Strauss, der 40 Jahre lang nach Mittenwald mit

seinen bemalten Häusern unterhalb des Karwendel-
gebirges und nach Berchtesgaden fahren wird. Am Königssee, dem schönsten und dunkelsten aller deutschen Seen,
feuern die Bootsleute beim Wasserfall am Königsbach zwei
Pistolenschüsse ab, die ein erstaunlich lautes Echo her-
vorrufen. Und auf dem Rhein lockt die *Concordia* im
Vorbeifahren auf ähnliche Weise mit einem Kanonenböller
das berühmte Echo der Loreley.

1860 enthielten die ersten Seiten der Reiseführer noch Um-
rechnungstabellen. Es gab noch keine einheitliche Wäh-
rung auf deutschem Boden, selbst die Maßeinheiten für
Streckenangaben wechselten zwischen Baden und Bayern,
zwischen Preußen und Württemberg. Als 1923 das Pfund
Brot 220 Millionen Mark kostet, ist jeder Wechselkurs sinn-
los geworden. In Berlin, wo einst jeder den »Jungfernkranz«
aus dem *Freischütz* von Weber trällerte, ertönen nun Tin-
geltangel, die mechanischen Klaviere, die dem Kabarett in
der Kantstraße ihren Namen geben; hier sang Marlene

Dietrich die Lieder aus dem *Blauen Engel*. Hier treffen
manchmal auch die großen Luftschiffe aus Friedrichshafen
mit dem Namen des Grafen Zeppelin ein, die einzigen
Transportmittel der Welt, bei denen zwei Mann Besatzung
auf jeden Passagier kommen, was bedeutet, dass diese sehr
verwöhnt wurden.

Auch Künstler aus Nord- und Osteuropa kommen: Ungarn,
Rumänen, Schweden, Russen und Polen treffen sich unter
den Linden 21, in der Galerie Van Diemen oder der Potsdamer Straße 18, im Kreis um die Zeitschrift *Der Sturm*. In
Köln trifft sich die Dada-Gruppe im überglasten Hof des
Brauhauses Winter in der Schildergasse; in Hannover empfängt Kurt Schwitters in der Waldhausenstraße 5 die Gruppe
der Konstruktivisten. Das Bauhaus siedelt sich in Weimar
an, später in Dessau; Deutschland ist das Land der Avantgarde geworden: In Baden-Baden hören die Kurgäste nun
*Aufstieg und Fall der Stadt Mahagonny*, die Oper von Bert
Brecht und Kurt Weill, und die Opern von Darius Milhaud.

Eine neue Dimension des Übersee-Reisens: Ab Mitte 1931 startete in Friedrichshafen der Zeppelin 127 jeden zweiten Samstag im Monat ins brasilianische Pernambuco, wo er am Dienstagabend landete. Dieses Monstrum der Lüfte beförderte nur zwei bis drei Dutzend Passagiere, die rundum verwöhnt wurden. *Links oben* eine Landung, *rechts* der Speisesaal. *Links:* Die erste Schwebebahn der Welt (Aufnahme von 1905) wurde zwischen 1898 und 1903 auf 472 Stützen in Wuppertal errichtet. Sie verbindet über die Wupper die Stadtteile Barmen Elberfeld und Vohwinkel auf einer Strecke von 13 Kilometern. *Seiten 22/23:* Ein Automobil aus dem Fuhrpark Kaiser Wilhelms II. Neugierige umringen Chauffeure und Fahrzeug während eines Aufenthalts des kaiserlichen Paares in Bad Homburg im Jahre 1904.

Die Weimarer Republik bringt den »Rheingold« auf die Schienen; seine eleganten lila- und cremefarbenen Waggons bieten den Engländern vom 15. Mai 1928 an die Möglichkeit, über Köln, Mainz, Baden-Baden und Basel die Luftkur- und Wintersportorte in der Schweiz, in Österreich und Bayern zu erreichen. Anschlusszüge führen nach Dortmund, Essen, Wiesbaden, Frankfurt und München.

Die Insel Sylt wird durch einen elf Kilometer langen Deich ans Netz der Reichsbahn angeschlossen, die Strecken um München wie auch um Berlin werden elektrifiziert und Hochgeschwindigkeitstriebwagen wie der »Fliegende Hamburger« eingesetzt, ebenfalls lila und cremefarben. Und genauso schnell entwickelt sich die Luftfahrt: 1926 wird die Lufthansa gegründet, und die Fahrt Berlin–Leipzig kostet mit dem Flugzeug dasselbe wie erster Klasse mit der Bahn.

Ende Februar 1934 stellt Simone de Beauvoir in den beliebten Brauhäusern Berlins, wie etwa dem »Haus Vaterland«, fest, dass um elf Uhr morgens alle Tische besetzt sind, dass man untergehakt schunkelt und dazu ausgelassen singt. Im Sommer weilt sie mit Jean-Paul Sartre in Bayern, wo sich die Dorfbewohner von Oberammergau, wie alle zehn Jahre seit 1634, darauf vorbereiten, in einem Volksschau-

spiel in zwölf Akten, das den ganzen Tag dauert, die Passion Christi nachzustellen. 1953 wird der »Rheingold« wiedergeboren und 1962 mit Aussichtswagen ausgestattet, wie man sie bereits ein Jahrhundert zuvor im Schwarzwald kannte – Panoramawagen mit Glasdach, Telefon, Klimaanlage und Stoßdämpfern von Rolls-Royce; die Strecke Hoek van Holland–Basel dauert weniger als neun Stunden. Zehn Jahre später muss der »Rheingold« seine Aussichtskuppeln und aluminiumfarbenen Lettern an den Waggons gegen den anonymen Luxus der Reisezüge, des TEE und anderer Intercity-Züge, eintauschen; München ist nun seine Endstation. Aber hat man in Deutschland am Bahnhofsausgang die Herren mit den Aktenköfferchen erst einmal aus den Augen verloren, kommt es dem Reisenden von heute, der sich in der Schiffergesellschaft, dem ehemaligen Versammlungsort der Seeleute aus Lübeck, an den Tisch setzt, so vor, als sähe er den Fliegenden Holländer und seine Matrosen hereinkommen, und als erkenne er jenseits der hohen Betontürme mit ihren riesigen stählernen Verstrebungen, deren Schatten an den Fensterscheiben emporkriechen, den deutschen Wald.

Auf der Strecke von Freiburg zum Titisee bildet das neun Kilometer lange Höllental einen landschaftlich besonders reizvollen Abschnitt. Die 1887 eröffnete Höllentalbahn verläuft entlang des Rotbachs parallel zur Straße, bevor sie auf einem großartigen Viadukt die so genannte Ravennaschlucht überquert.
*Links:* Touristisches Informationsmaterial, wie es um 1910 den Touristen angeboten wurde.
*Oben:* Aus einem Reiseführer von 1930, als die bayrische Zugspitz-

bahn ihren Dienst aufnahm. Diese Zahnradbahn führt bis zum Zugspitzplatt auf 2588 Meter Höhe; von dort aus sind es noch fast 400 Meter bis zum höchsten Gipfel Deutschlands.
*Rechts:* Der seit 1934 von Ferdinand Porsche entwickelte Volkswagen (um 1950), dessen Hoch-Zeit als Massenautomobil nach dem Zweiten Weltkrieg begann.

# Rheinaufwärts von Düsseldorf zum Schwarzwald

*Rechts:* Eine Anlegestelle der Köln–
Düsseldorfer Rheinschifffahrts-AG
Anfang des 20. Jahrhunderts. Entstanden 1853 aus der Fusion zweier
Reedereien in Köln und Düsseldorf,
bestreitet seither die »weiße Flotte«
täglich den Ausflugsverkehr zwischen
Köln und Mainz sowie auf der Mosel.
*Unten:* Umschlag einer Faltkarte von
1890 für die Rheinstrecke zwischen
Mainz und Köln. – Aufkleber des Hotels Breidenbacher Hof in Düsseldorf.
*Seiten 28/29:* »Der Rhein vereint
alles«, schrieb Victor Hugo. »Er ist
schnell wie die Rhône, breit wie die
Loire, eingesperrt wie die Maas, ge-
wunden wie die Seine, klar und grün
wie die Somme, von historischer
Bedeutung wie der Tiber, königlich
wie die Donau, geheimnisvoll wie
der Nil, goldglitzernd wie die Ströme
Amerikas, märchenhaft und gespens-
tisch wie die Ströme Asiens.«

Der Rhein ist eine Welt für sich, mehr Mythos als Fluss, die Krone der Natur und zugleich der Kultur. »Von allen Flüssen liebe ich ganz besonders den Rhein«, schreibt Victor Hugo an einen Freund. »Ich betrachtete lange diesen stolzen und erhabenen Fluss, gewaltig, aber nicht ungestüm, wild, aber majestätisch. Als ich ihn überquerte, führte er Hochwasser und war prachtvoll. Mit seiner wilden Mähne und seinem schlammigen Bart strich er an den Schiffen entlang. Seine beiden Ufer verloren sich in der Abenddämmerung. Mit mächtigem und zugleich friedlichem Tosen floss er dahin. Für mich hatte er etwas vom offenen Meer.«

»Ich bin kürzlich durch dieses wunderbare Land gereist. Es gibt hier nicht einen Stein, der keine Erinnerungen birgt, nicht ein Detail der Landschaft, das nicht reizvoll wäre«, begeistert sich Edward George Bulwer-Lytton. »Auf einer solchen Reise könnte man sich beinahe vorstellen, den Strom der Zeit hinaufzufahren und die prächtigen, gewaltigen Bauten vergangener Zeiten nacheinander an den Gestaden entstehen zu sehen.«

Das ist übrigens auch bald möglich: An den Kathedralen wird weitergebaut, als sei ihre Epoche noch längst nicht vorüber; der Kölner Dom, an dem seit über drei Jahrhunderten ein einsamer Holzkran vor sich hinfaulte, wird 1842–1880 vollendet, und die Touristen erleben den seltsamen Anblick von Steinmetzen, gekleidet wie zur Entstehungszeit gotischer Bauten. Zur selben Zeit werden über den Rhein moderne Kunstwerke – Metallbrücken – gespannt. Die Eisenbahn säumt den Fluss, aber ihre zahlreichen Tunnels in diesem hügeligen Tal drücken die Rauchfahnen auf die Fenster und beeinträchtigen die Sicht; besser, man bleibt dem Schiff treu.

»Welch charmante Art zu reisen ist doch die Flussfahrt!«, schreibt Gautier. »Das Dampfschiff flitzt über das Wasser, ohne zu stampfen und zu schlingern, zwischen zwei nahen Ufern, so dass einem keine Einzelheit entgeht. Man kann sich hinsetzen, spazierengehen … rauchen, lesen,

träumen, sich unter die Leute mischen, deren Aufmachung und Gespräche einen interessieren. Man selbst bewegt sich auf einem Boden, der sich fortbewegt, und kommt sich nicht, wie bei anderen Transportmitteln, Wagen, Postkutsche oder Eisenbahn, wie ein bloßes Gepäckstück vor.« Dann erreicht man den Zusammenfluss von Rhein und Mosel. Für die Fahrt auf der Mosel von Koblenz nach Trier braucht man zwölf Stunden flussabwärts, eineinhalb Tage flussaufwärts. Schiffe fahren fast täglich, außer bei Niedrigwasser, während man im Zug nach Trier ins Dunkel des über vier Kilometer langen Tunnels von Cochem taucht und es hoch oben auf einem eindrucksvollen Viadukt an der Bergflanke wieder verlässt. Die Stadt war auch von Köln aus zu erreichen, über das Tal der Kyll und durch die Eifel. Im Jahr 1863 fährt man auf dem Neckar von Heilbronn nach Heidelberg sechseinhalb Stunden, in umgekehrter Richtung fast doppelt so lang.

Aber hier ist schon der Rhein mit seinen teils recht kleinen Weinbergen; 15 Hektar Johannisberg gehören dem Fürsten von Metternich, 25 Hektar Steinberg dem Großherzog von Hessen-Darmstadt, und der Marcobrunn ist im Besitz des Grafen von Schönborn.

Die Generation von Reisenden, die den berühmten Jahrgang 1857 und die großen Jahrgänge 1865, 1868 und 1874 trinkt, wird zudem mit griechisch-römischen Altertümern gefüttert, sie vernimmt unter dem Getrampel der Touristen die Schritte der Legionen Trajans und im Westwind den Zephyros, den milden Wind bei Vergil und Horaz; im

Taunus spürt sie die Straßen auf, die die Römer dort zu den Silberminen gelegt hatten. Sie weiß um die Heldentaten des *Götz von Berlichingen*, die der Ritter mit der eisernen Faust im Schutz der rötlichen Türme und im Schatten immergrüner Tannenwälder vollbrachte; und sie kennt alle Sagen von Elfen und der Loreley und die Gedichte des in Düsseldorf geborenen Heinrich Heine. »Ich weiß nicht, was soll es bedeuten, dass ich so traurig bin …«

Doch bisweilen war der Rhein auch einfach nur »das malerische Ausflugsziel à la mode für die Müßiggänger von Ems, Baden und Spa«, wie bereits Hugo vermerkte. Man kam zur gesundheitsfördernden Traubenkur nach Gleisweiler, Dürkheim, Annweiler, Edenkoben und Neustadt und an die Ufer des Rheins; in Baden-Baden entstand die so genannte Geländekur – sportliche Spazierwege, auf denen Farbmarkierungen die Höhenunterschiede anzeigten und rote Zahlen auf weißem Grund die jeweilige Höhe oberhalb des Kurhauses.

Hotel
Porta Nigra
Trier / Mosel

Links: Blick in die Eingangshalle des Domhotels in Köln.

Oben: Der Düsseldorfer Hauptbahnhof 1910. Von hier aus führt der Weg in den riesigen Hofgartenpark, der sich vom Rheinufer bis zum Jägerhof, dem heutigen Goethe-Museum, erstreckt. Direkt daneben steht das Landhaus des Philosophen und Dichters Heinrich Jacobi (1743–1819), wo einst die geistige Elite Deutschlands verkehrte, u. a. Goethe, Herder, Wieland, die Brüder Humboldt. Später kam das Gebäude in den Besitz der Künstlergemeinschaft Malkasten.

Rechts: Die 400 Meter lange Rheinbrücke im Süden der Stadt auf einer Ansichtskarte um 1930.

Rheinbrücke b. Düsseldorf

Links: Vorbereitungen für die medizinische Traubenkur in Baden-Baden (Ansichtskarte, um 1930).

Faksimile: Prospekt des Hotels Porta Nigra in Trier (1950).

Schloss.

Cadettenhaus.

GRUSS AUS KARLSRUHE.

»Ich gehe am Rhein spazieren. Franz gibt Konzerte in Baden, Ems, wo die Kaiserin weilt, in Frankfurt etc.«, berichtet Marie de Flavigny, Comtesse d'Agoult; und ihr Franz, das ist Liszt. In den Jahren 1841–43 verbringen sie die Sommermonate auf der kleinen Rheininsel Nonnenwerth in einem ehemaligen Kloster.

Unterdessen wird in Baden-Baden das Gold des Rheins verschleudert. »Der Spielteufel lässt sich um elf Uhr morgens in seinem Sessel nieder und verzieht sich erst wieder um elf Uhr abends. Jeden Tag wandern, nach niedrigster Schätzung, mehr als eine Million Verluste oder Gewinne über seinen Tisch«, will man Gautier glauben.

Ob vom Spieltisch aus flussab- oder flussaufwärts – der Rhein bleibt immer der Rhein. »Der obere Rhein ist grüner, wilder, schäumender, aber auch sehr eingeengt; es gibt keine Pontonbrücken, dafür überdachte Holzbrücken; und den Schatten des Schwarzwalds«, berichtet Victor Hugo. Dort, in diesem dichten, zum Himmel hin geschlossenen Forst, spürt man, wie die Erde atmet oder, wenn man so will, die Natur ihre Seele verströmt; es ist ein säulenartiger Wald ohne Unterholz, in dem man frei umherlaufen kann wie in einem Kreuzgang oder einem Tempel. Allerorten tobten sich bauwütige Fürsten im Stil von Versailles und Marly aus. So entstanden die Lustschlösser Favorite vor den Toren von Mainz und Solitude von Karl-Eugen von

Württemberg in der Nähe Stuttgarts, und inmitten des Hardtwaldes ließ Markgraf Karl-Wilhelm von Baden-Durlach Karlsruhe erstehen, seine fächerförmig angelegte Haupt- und Residenzstadt, mit dem Palast in der Mitte, von dem sternförmig 32 Straßen ausgingen. Er war ein sanftmütiger Potentat, der sich angeblich von 160 hübschen Gärtnerinnen bedienen ließ, von denen jeden Abend per Tarotkarte eine dazu bestimmt wurde, sein Lager zu teilen.

Fürstenlaunen, Fürstenstädte, aus dem Nichts geschaffen wie schon ein Jahrhundert zuvor Freudenstadt, das auf Anordnung des Herzogs von Württemberg in einem Streich nach quadratischem Plan gebaut wurde, oder Mannheim, das die pfälzischen Kurfürsten nach der Plünderung von Heidelberg schachbrettartig anlegten. »Eine ganz weiße, ganz neue, ganz regelmäßige Stadt, die sich reich und modisch ausmacht«, schreibt Théophile Gautier, »breite Straßen, die einen Engländer mit Wonne erfüllen würden, und geradezu königliche Promenaden.«

Den Reiseführern zufolge war die Schwarzwald-Eisenbahnlinie von Offenburg nach Konstanz eine der eindrucksvollsten in Deutschland, vor allem zwischen Hausach und Villingen, wo man durch gewundene Tunnel und über Viadukte und Brücken fuhr. In Sommerau überwand sie in 870 Meter Höhe die Wasserscheide zwischen Rhein und Donau. Für den Reisenden war sie mindestens ebenso beeindruckend wie die um 1845 zwischen Freiburg und Neustadt eröffnete Höllentallinie.

*Oben:* Ansichten von Karlsruhe (1880–1890). Im Zentrum das großherzogliche Schloss, von dem aus 32 Straßen und Parkalleen strahlenförmig verlaufen (Ausschnitt aus einer Ansichtskarte von 1897).

*Rechts:* Touristisches Informationsmaterial über das Rheintal bei Neuwied an der Wende zum 20. Jahrhundert.

Als die Nacht hereinbrach, liess ich mich auf einer Grasböschung nieder. Aachen breitete sich in seiner vollen Größe vor mir aus, eingebettet in sein grünes Tal wie in ein anmutiges Brunnenbecken. Nach und nach legte sich der abendliche Dunst über die gezackten Dächer der alten Straßen und verwischte die Umrisse der beiden Wachtürme; im Zusammenspiel mit den Kirchtürmen der Stadt erinnerten sie schemenhaft an das asiatische Profil des Moskauer Kremls. Aus dem gesamten Stadtbild hoben sich nur zwei Bauten deutlich ab: das Rathaus und die Kapelle.

*Victor Hugo, 1838*

AACHEN

*Oben:* Der Münsterplatz von Aachen (um 1885), dem einstigen Zentrum des fränkischen Reichs. Seit 1978 zählt das Münster zum Weltkulturerbe der UNESCO.
*Rechts:* Die Pfalzkapelle im Aachener Münster, ein achteckiger Zentralbau mit sechzehneckigem und zweigeschossigem Umgang, der um 800 geweiht wurde. Er gilt als das bedeutendste Denkmal karolingischer Baukunst. Blickfang im Obergeschoss ist der Thron, der vermutlich zur Zeit Kaiser Ottos I. errichtet wurde. Von 936 bis 1531 wurden hier die deutschen Könige gekrönt.

*Seiten 36/37:* Das gotische Rathaus (1333–1376) am Markt, an dessen Stelle einst die karolingische Kaiserpfalz stand. Im Kaiser- oder Reichssaal fanden einst die Krönungsfeierlichkeiten statt. Heutzutage wird hier der europäische Karlspreis verliehen.
*Seiten 40/41:* Aachens Thermalquellen wurden bereits in römischer Zeit genutzt. Im Bild das nach einem Entwurf des berühmten Architekten Karl Friedrich Schinkel im griechischen Stil errichtete Gebäude des Elisenbrunnens. Die Heilquelle wurde nach der damaligen bayerischen Kronprinzessin Elisabeth benannt.

KÖLN GILT ALS EINE HEIMAT DER TENÖRE UND ALLES LEICHTGENOMMENEN, als die Stadt der heiteren, spitzen, schlagfertigen Mädchen, der im Alter nonnenhaft strengen Frauen. Die Sprache dieser Stadt funkelt von Witz und Derbheit wie ein von Quarzen und Achaten durchsetztes Gestein. Sie wimmelt von sonderbaren Wendungen und auffallenden Wörtern, aus denen man spüren kann, wie viele Länder einst ihre Soldaten, Priester, Kaufleute, Wanderarbeiter ins Kölnische entsandten.

*Alfons Paquet, 1942*

*Oben:* Von Deutz am rechten Rheinufer aus hat man einen herrlichen Blick auf Köln. Von rechts nach links: der gotische Dom, das Wahrzeichen der Stadt, der romanische Vierungsturm von Groß St. Martin und der Turm der romanischen Basilika St. Maria im Kapitol, die um 50 n. Chr. über dem römischen Kapitolstempel errichtet und 1049 geweiht wurde.

*Rechts:* Die Hohenzollernbrücke mit dem Dom als Silhouette im Hintergrund. Einst genutzt als Fußgänger-, Straßen- und Eisenbahnbrücke, dient sie heute ausschließlich dem Bahnverkehr als direkter Zugang zum Hauptbahnhof. Die beiden bronzenen Reiterstandbilder Kaiser Wilhelms I. und König Friedrich Wilhelms IV. von Preußen haben als Brückendekoration die Kriegszeiten überdauert.
*Seiten 44/45:* Ansichtskarte vom Juli 1922. Mit diesem Touristengefährt konnte man eine Stadtrundfahrt auf dem Ring machen, einem Boulevard, der auf den 1881 abgerissenen Befestigungsanlagen errichtet wurde und mit Hotels, Badeanstalten und Kais für die Dampfer- und Segelbootflotillen gesäumt war.

Cölner Fremden Rundfahrt | Cologne Carriage Drives | Tour de ville en Voiture

WIR GINGEN IN DEN DOM UND BLIEBEN DARIN, bis wir im tiefen Dunkel nichts mehr unterscheiden konnten. So oft ich Kölln besuche, geh ich immer wieder in diesen herrlichen Tempel, um die Schauer des Erhabenen zu fühlen ... Die Pracht des himmelan sich wölbenden Chors hat eine majestätische Einfalt, die alle Vorstellung übertrifft. In ungeheurer Länge stehen die Gruppen schlanker Säulen da, wie die Bäume eines uralten Forstes: nur am höchsten Gipfel sind sie in eine Krone von Ästen gespalten, die sich mit ihren Nachbaren in spitzen Bogen wölbt, und dem Auge, das ihnen folgen will, fast unerreichbar ist.

*Georg Forster, 1790*

Dom-Hotel, Köln

Excelsior Hotel Ernst
KÖLN

*Oben:* Das Domhotel auf dem Domplatz, ein Gebäude gründerzeitlicher Architektur, in dem sich deutlich das Repräsentanzbewusstsein nach 1871 widerspiegelt.
*Rechts:* Blick auf die Portalfassade des Kölner Doms – ein Wunderwerk der Kathedralgotik, das heute zum Weltkulturerbe der UNESCO zählt. Am 14. August 1248 wurde der Grundstein gelegt, 1322 war der Chor vollendet und 1447 auch der südliche

Turm so weit, dass er Glocken aufnehmen konnte. 1560 mussten die Bauarbeiten mangels weiterer Finanzierungsmöglichkeiten eingestellt werden, Langschiff und Seitenhallen wurden durch provisorische Dächer geschlossen. Nach 282 Jahren drohenden Verfalls begann man 1842 nach alten Plänen mit dem Weiterbau. Am 15. Oktober 1880 war das monumentale Bauwerk nach 632 Jahren vollendet.

AUF DEM WEGE VON TRIER NACH LUXEMBURG erfreute mich bald das Monument in der Nähe von Igel. Da mir bekannt war, wie glücklich die Alten ihre Gebäude und Denkmäler zu setzen wußten, warf ich in Gedanken sogleich die sämtlichen Dorfhütten weg, und nun stand es an dem würdigsten Platze. Die Mosel fließt unmittelbar vorbei, mit welcher sich gegenüber ein unansehnliches Wasser, die Saar, verbindet; die Krümmung der Gewässer, das Auf- und Absteigen des Erdreichs, eine üppige Vegetation geben der Stelle Lieblichkeit und Würde.

*Johann Wolfgang von Goethe, 1792*

COCHEM

*Oben:* Ansicht von Cochem an der Mosel (1910) mit seiner gleichnamigen Burg, die um 1020 errichtet, 1689 zerstört und zwischen 1871 und 1879 wieder aufgebaut wurde. Im Hintergrund die Ruine Winneburg.
*Links:* Etikett eines Ruwerweins. Die Ruwer, die bei Trier in die Mosel mündet, ist Teil des bekannten Weinbaugebiets Mosel–Saar–Ruwer. Als Rebsorten werden vor allem Riesling und Müller-Thurgau verwendet.
*Rechts:* »Sprüche in der Burg Cochem« lautet der Titel einer Sammlung von geistigen Inspirationen, die Touristen dort 1910 hinterlassen haben. Die Collage aus Landkarten, Panoramaansicht und Sprüchen diente wohl einst zur Fremdenverkehrswerbung.

*Seiten 48/49:* Blick auf eine Eifellandschaft, den linksrheinischen Teil des Rheinischen Schiefergebirges zwischen Mosel und Niederrhein. Hier das Tal der Lieser, eines Moselzuflusses, mit Burgruinen. Im Hintergrund die Zeugnisse eines vor Jahrtausenden ausgeprägten Vulkanismus.
*Seiten 52/53:* Vom Hauptbahnhof Trier aus gelangt man zur römischen Porta Nigra (= Schwarzes Tor) aus dem 2. Jahrhundert n. Chr., die als das besterhaltene römische Baudenkmal nördlich der Alpen gilt (Aufnahme von 1907). Die Anlage besteht aus zwei ursprünglich viergeschossigen Türmen sowie zwei dreigeschossigen Tortrakten mit zweibogigem Durchgang. 1966–1973 wurde die Porta Nigra restauriert.

# Sprüche in der Burg Cochem.

Begehre nie ein Glück zu groß
Und nie ein Weib zu schön,
Der Himmel könnte Dir dies Loos
Im Zorne zugestehen. —

Nicht soll man unbedachtsam nutzen
Von dem, was schön zu sein allein bestimmt.

Der Freiheit Schild, des Reiches Hort
Ist deutschen Mannes Treu & Wort.

Sei deutsche Lieb & Treu & Frieden
Dem Reich & meinem Haus beschieden.

Wohl herrlich ist ein tiefer Zug
Aus vollem Becher Wein,
Doch ist der allerbeste Zug,
Den Freunden treu zu sein.

Ist das Haus gar übel dran —
Kräht die Henne & schweigt der Hahn.

...der hat einen
Sparren frei
...er's nicht glaubt
hat deren zwei.

Der beste Rat
ist in der Not
Mensch hilf Dir selbst
so hilft auch Gott.

Kommt ein Ochs in
andres Land
...wird mindestens
gleich als Rind erkennt.

Wer Biere fälscht
& Weine tauft
Ist wert, dass er
sie selber sauf

Wer seinen Stief...
nicht trinken...
Der ist fürwahr k...
deutscher Man...

Einerlei Speise
jeglichem Tag...
Selbst nicht des
Kaisers Beichtvater...

Cochem an der Mosel

**Sehenswürdigkeiten in der Umgebung:**

1. Schloß Cochem.
2. Winneburg.
3. Zu den drei Kreuzen.
4. Lescher Linde.
5. Das Kloster.
6. Umkehr und Hubertsburg.
7. Conder Berg.
8. Beilstein.

DIE MOSEL von REMICH–COBLENZ 1:500000

Vom Jahre 866 findet man die ersten Anfänge der fernhaften Burg Cochem unter den Pfalzgrafen am Rhein. Im franz. Krieg 1671–79 sie unter Lud. XIV zerstört 1866 vom geh. Commerzienrat Radené in Berlin vom Fiskus erworben & nach vorgefundenen alten Zeichnungen mit einem H/... aufwand von über 1 Million wieder hergestellt. Weithin grüßt die Burg Thal hinein & vor allem leuchtet das 10 Mtr. hohe Mosaikbild auf

Es ist ein bedeckter Tag, und die drohenden Wolken künden Regen oder Schnee an. Warum macht unser Reisender im kleinen Dorf Kapellen Halt? Weil, direkt über ihm auf dem hohen Felsen, die ruhmreiche Ruine Stolzenfels mit ihren Fensterhöhlen auf ihn hinunterblickt und ihm mit ihrem riesigen Finger zuwinkt, als wollte sie sagen: »Komm her, ich erzähle dir eine alte Geschichte.« Deshalb steigt er aus und geht die enge Dorfgasse hinauf, steigt die Steinstufen und den steilen Pfad hinauf, wirft sich in die Arme dieser alten Ruine und hält den Atem an, um die schnellen Schritte des fallenden Schnees zu hören, Schritte wie von Engeln, die auf die Erde herabsteigen.

*Henry Wadsworth Longfellow, 1839*

*Seiten 54/55:* Blick auf das Koblenzer Rheinufer mit Dampferanlegestelle; im Hintergrund sieht man den Glockenturm der Liebfrauenkirche (Foto von 1890). Der Name der Stadt bezieht sich auf den Zusammenfluss von Mosel und Rhein am Deutschen Eck (aus der römischen Benennung *confluentes* wurde Koblenz). – Plakette des Hotels Coblenzer Hof.
*Seiten 58/59:* Bei St. Goarshausen verengt sich der Rhein auf 113 Meter Breite. Seine gefährlichen Stromschnellen, die erst nach dem Zweiten Weltkrieg beseitigt wurden, brachten so manchen Kahn zum Kentern. Dem Mythos zufolge saß auf dem 132 Meter hohen Steilfelsen ein wunderschönes Zaubermädchen, die Loreley, die mit ihrem Gesang die Schiffer ins Verderben stürzte. Vom Loreley-Felsen aus hat man einen fantastischen Blick auf den canyonartigen Verlauf des Stroms.

*Oben:* Die Innenausstattung von Schloss Stolzenfels wurde im populären neugotischen Stil des 19. Jahrhunderts gehalten.
*Rechts:* Ein Hauptwerk der deutschen Burgenromantik: Schloss Stolzenfels bei Koblenz. Der preußische Kronprinz Friedrich Wilhelm ließ die 1689 zerstörte Burg des Spätmittelalters nach Plänen von Karl Friedrich Schinkel zwischen 1836 und 1840 neu errichten – als romantische Paraphrase mittelalterlicher Architektur.

RUND UM EINEN VON HELLEM SAND GESÄUMTEN FELSSOCKEL türmte sich ein monumentales, frisch geweißtes Bauwerk auf, gekrönt von einem schiefergedeckten Bergfried, umgeben vom stacheligen Gewirr spitzer Dächer, mit Wachtürmen, Pechnasen, Kragsteinen, das sich in doppelter Größe auf dem Wasser des Stroms spiegelte. Julien sagte gerade zu sich selbst: »Das ist die Pfalz«, als ihn das leise Geräusch herannahender Schritte aufhorchen ließ ... »Diese barbarische Trutzburg da, das ist doch die Pfalz?« – »So ist es«, sagte Gunther lachend. »Ein ordentlicher Brocken, was? Mit der Burg Gutenfels da oben bestand wohl kaum eine Chance, hier kostenlos passieren zu können. Weißt du, daß es ein Stück weiter, fast zu Füßen der Loreley, Klippen unter der Wasseroberfläche gibt? Bei Niedrigwasser kann man sie sehen. Was ist dir lieber? Die Raubritter oder die Nixe?«

*Maurice Genevoix, 1905*

PFALZ

*Oben:* Ansicht von Kaub 1890. Im Vordergrund die Burg Gutenfels aus dem 13. Jahrhundert, die im späten 19. Jahrhundert restauriert wurde. Im Hintergrund, mitten im Rhein auf der Felsklippe Falkenau, erhebt sich die Wasserburg Pfalzgrafenstein, kurz »Pfalz« genannt. Jahrhundertelang diente sie den verschiedenen Landesherren als Zollstation.

*Rechts:* Fahrplan der »Köln-Düsseldorfer Rhein-Dampfschiffahrt« von 1925 und Ansichtskarte zur Erinnerung an einen Ausflug auf dem Rhein mit dem Dampfer »Deutscher Kaiser« im Jahr 1897.
*Seiten 62/63:* Die »Pfalz«, die wie auf einem Floß im Rhein verankert zu sein scheint, spielt nicht nur in der reichen Sagenwelt des Rheingaus

eine Rolle, sondern auch in der geschichtlichen Überlieferung. Über Generationen hinweg pflegten sich schwangere Pfalzgräfinnen in einem Zimmer dieser Zollstation auf die Niederkunft vorzubereiten.

ALLE KLEINEN DÖRFER ENTLANG DES RECHTEN UND DES LINKEN RHEINUFERS sehen einander sehr ähnlich, wenn man sie von einer Schiffsbrücke aus betrachtet. Die niedlichen Häuschen, hübsch wie Spielzeug, gruppieren sich um eine Hauptstraße, die parallel zum Rhein verläuft, soweit seine Fluten es zulassen. Der starke Geruch nach Wasser, nach Rheinwasser, vermischt sich mit dem der Landschaft und verleiht ihr eine ganz besondere Eigenart, die sich einem durch die Nase erschließt. In den kleinen Häusern wohnen höfliche Menschen, Winzer, die von Natur aus fröhlich sind. Von Bingen bis Koblenz sieht man zur Sommerzeit Scharen kleiner Mädchen in weißen Schürzen und geblümten Kleidern.

*Pierre Mac Orlan, 1929*

*Links:* Das berühmte Hotel Krone in Assmannshausen bei Rüdesheim bietet seit über 300 Jahren Kost und Logis. Prominente Künstler wie etwa der Dichter Ferdinand Freiligrath (1810–1876) nahmen hier Quartier, was zahlreiche Autographen heute noch dokumentieren. Das Weindorf ist vor allem für seine exzellenten Rotweine bekannt, aber auch für seine Thermalquelle. Im Bild die heutige Terrasse des Restaurants.
*Oben:* Ausflugsstimmung am Flussufer vor dem Hotel Krone in der Belle Epoque.
*Rechts:* Etikett eines Rüdesheimers, der zu den besten Weißweinlagen im Rheingau zählt.

*Seiten 66/67:* Anlegestelle in Rüdesheim 1903. Touristisches Zentrum ist die mittlerweile weltberühmte Drosselgasse. Von Rüdesheim und Assmannshausen aus fahren Seilbahnen zum 1883 eingeweihten monumentalen Niederwalddenkmal, das der »Wiedererrichtung des Deutschen Reiches« gewidmet ist. Besucher rühmen vor allem den fantastischen Ausblick auf den Rheingau, etwa auf die Ruine Ehrenfels, Burg Klopp, den Rochusberg, Schloss Johannisberg oder auch den Mäuseturm im Rhein.
*Faksimile:* Werbefaltblatt von 1950 für Rheingauer Weine.

ASSMANNSHAUSEN

P. J. Schol...
Weingutsbesitzer

Münster a/Stein.

Prämiiert auf den Wein-Ausstellungen
a. Rh., Kreuznach a. Nahe, Traben a. Mosel.

reichhaltiges Lager in

Mosel-Weinen,

...sten Auslesen.

...merksam.

RHEIN-                    HESSEN

Liebfraumilch

Nur mit diesem Text lieferbar

...N SCHOTT A.-G.", RHEYDT
...9 - Schleife Nr. 23189

# Das
## Sool-
## & Thermal-Bad
## MÜNSTER
### AM STEIN.

DURCH ZUFÄLLIGE ANREGUNG, SOWIE IN ZUFÄLLIGER GESELLSCHAFT stellte ich manche Wanderungen nach dem Gebirge an, das von Kindheit auf so fern und ernsthaft vor mir gestanden hatte. So besuchten wir Homburg, Kronberg, bestiegen den Feldberg, von dem uns die weite Aussicht immer mehr in die Ferne lockte. Da blieb denn Königstein nicht unbesucht; Wiesbaden, Schwalbach mit seinen Umgebungen beschäftigten uns mehrere Tage; wir gelangten an den Rhein, den wir, von den Höhen herab, weither schlängeln gesehen. Mainz setzte uns in Verwunderung, doch konnte es den jugendlichen Sinn nicht fesseln, der ins Freie ging; wir erheiterten uns an der Lage von Biebrich, und nahmen zufrieden und froh unseren Rückweg.

*Johann Wolfgang von Goethe, 1812*

From
The Members of The Administration
of
Homburg v. d. Höhe
to
Spencer Castle Esq.
as a token of their esteem and regard,
and of appreciation of his visits to their
Town for 25 consecutive years.
August 1904.

BAD HOMBURG

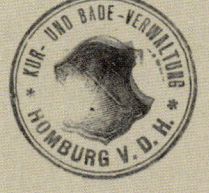

Städt. Kur- und Bade-Verwaltung.
*Freiherr von Maltzahn.*
Kurdirektor

Bad Homburg, ehemals Residenz der Landgrafen von Hessen-Homburg, fiel 1866 nach dem Deutschen Krieg an Preußen. Als 1841 hier eine Spielbank eröffnet wurde, avancierte Homburg zum beliebten Modebad des europäischen Hochadels. In den Gästelisten standen Namen wie Kaiser Wilhelm II. oder Zar Nikolaus II. von Russland.
*Oben:* Faksimile der Widmung in einem Album, das der Kurort dem Engländer Spencer Castle überreichte, weil er ihm 25 Jahre lang als Badegast die Treue hielt.

*Rechts:* Blick auf eine der fünf Heilquellen Bad Homburgs (um 1885).
*Seiten 68 und 69:* Bad Münster am Stein, d. h. am Fuß des Rheingrafensteins, einer 130 Meter hohen Porphyrwand. Hier gedeihen die Weine der Nahe, die zusammen mit Mosel-Saar-Ruwer und Rheingau eines der wichtigen Weinanbaugebiete Deutschlands bilden. Die berühmte Liebfrauenmilch gilt als Typenbezeichnung für einen Qualitätswein, der sich aus Lesegut in Rheinhessen, Rheingau, Nahe und Rheinpfalz zusammensetzt.

*Links:* Angebotsliste eines Weingutsbesitzers in Münster sowie ein Flaschenetikett rheinhessischer Liebfrauenmilch.
*Rechts:* Werbebroschüre in Jugendstil-Manier für das Heilbad.
*Seiten 72/73:* Kurgäste, die, wie man zu sagen pflegte, »den Brunnen nahmen«, auf der Treppe zum Park vor der Terrasse der Spielbank. Wie in Baden-Baden leistete auch in Bad Homburg die Spielbank einen wesentlichen Beitrag zum internationalen Flair, das das Heilbad vor allem in wilhelminischer Zeit umgab.

DAS GASTHAUS IN WIESBADEN, VOR DEM DER WAGEN HIELT, glich vollkommen einem Palast. Im Inneren erschallten sogleich verschiedene Glocken, und es erhob sich ein Laufen und Rennen. Wohlgestalte Menschen in schwarzen Fracks bewegten sich am Haupteingang; ein von Gold funkelnder öffnete mit Schwung die Wagentür. Wie ein Triumphator stieg Polosow aus und begann die mit Duft erfüllte und mit Teppichen bedeckte Treppe hinanzusteigen.

*Iwan Turgenjew, 1872*

WIESBADEN

Bereits um 50 n. Chr. existierte im späteren Wiesbaden ein römisches Kastell mit Thermenanlagen. Im 19. Jahrhundert entwickelte sich die Stadt zu einem internationalen Kurort. 60 Jahre lang, von 1806 bis 1866 war sie die Residenz des Herzogtums Nassau, im Jahr 1866 wurde sie Preußen eingegliedert.
*Oben:* Ansicht des alten Kurhauses Anfang des 20. Jahrhunderts, das Friedrich Thiersch zwischen 1905 und 1907 durch einen Neubau inklusive Spielbank ersetzte. Davor eine frühe elektrische Straßenbahn auf der Fahrt vom Bahnhof zum Neroberg.

*Rechts:* Speisesaal des Hotels Schwarzer Bock (1912), eines der ältesten Grandhotels von Wiesbaden. Hotel und Restaurant sind nach wie vor in Betrieb, während der illustre Nachbar am Kranzplatz, das Hotel Rose (Briefkopf *links*), in den 90er Jahren seine Pforten schloss. Die Badezimmer wurden mit dem heißen Wasser aus einer der 15 Thermalquellen des Kochbrunnens gespeist.
*Seiten 76/77:* Die Trinkhalle um 1900. 27 Heilquellen mit Temperaturen zwischen 38 und 67 Grad stehen den Kurgästen für die verschiedensten Anwendungen zur Verfügung.

Um die anmassende Melancholie dieser Stadt feuchter Vergnügungen zu erfahren, nimmt man am besten in Mainz die Straßenbahnlinie 6, die durch Kastel und Biebrich und dann auf einer öden, unfertigen Straße in vollem Tempo an einigen Ausflugslokalen und Schrebergärten vorbeifährt, ehe sie Wiesbaden erreicht. Zunächst ist man über die Dürftigkeit der Gärten am Beginn der Kaiserstraße, in der Nähe des Bahnhofs, überrascht. Doch das ändert sich, wenn man in die große Neustadt mit ihren Luxusgeschäften gelangt, die jetzt nahezu leer sind, mit ihren heruntergekommenen Luxushotels und dem herrlichen Kurpark um das deklassierte Kurhaus. Diese Großstadt für Vorkriegsmillionäre bietet Luxus, der schnell aus der Mode kommt.

*Pierre Mac Orlan, 1929*

Schon im 19. Jahrhundert war der Neroberg, Wiesbadens 245 Meter hoher Hausberg, ein beliebtes Ausflugsziel. Man erreicht ihn mit einer durch Wasserballast betriebenen Drahtseilbahn. Die 1888 eröffnete Anlage gilt heute als technisches Kulturdenkmal.
*Oben:* Die Talstation mit Restaurant um 1900.
*Rechts oben:* Ankunft auf dem Neroberg. Von hier aus gelangt man zur Griechischen Kapelle mit ihren fünf vergoldeten Zwiebeltürmen *(rechts)*, eine zwischen 1847 und 1855 errichtete Grabkirche, in der Großfürstin Elisabeth Michailowna, die Gattin Herzogs Adolf von Nassau, die letzte Ruhe fand. Auf schattigem Weg erreicht man das herzogliche Jagdschloss. »Durch ein Teleskop ... erkennt man durch den blauen Dunstschleier in der Ferne Mainz mit seinen roten Kirchen, den Rhein, durchtrennt von der Pontonbrücke und aufgepeitscht von den Flügeln zahlreicher Mühlen«, schreibt Théophile Gautier. »Wenn die Sonne durch den leichten Nebel dringt, kann man sogar Fahrzeuge, Reiter, und Spaziergänger ausmachen, winziger als Ameisen an einem Strohhalm.«

DER NEROBERG BIETET EINEN WUNDERVOLLEN BLICK ÜBER DEN RHEIN, in Richtung Mainz und über einen Teil der schönen Flußauen. Der Wein, der an den Hängen geerntet wird, heißt Nerowein und ist der beste im ganzen Gebiet um Wiesbaden. Die schönsten Weinberge gehören dem Herzog. Der Berg liegt eine halbe Meile nordwestlich von Wiesbaden. Im alten Eichenwald auf dem Berggipfel sind noch die Überreste römischer Bauten zu sehen. Nach der Überlieferung soll es hier ein Jagdschloß von Nero und einen Wildpark gegeben haben.

A. Richard, 1846

*Seiten 80/81:* Panorama von Mainz (1905), der Stadt Johannes Gutenbergs, der den Druck mit beweglichen Lettern erfand. Blick auf die Anlegestellen der Dampfschiffe, dahinter zahlreiche Kirchtürme, *links* der des romanischen Doms St. Martin und Stephan, der zusammen mit den Domen von Worms und Speyer zu den rheinischen Kaiserdomen zählt.

HEIDELBERG IST SELBST EINE PRÄCHTIGE ROMANTIK; da umschlingt der Frühling Haus und Hof und alles Gewöhnliche mit Reben und Blumen, und erzählen Burgen und Wälder ein wunderbares Märchen der Vorzeit, als gäb es nichts Gemeines auf der Welt. Solch gewaltige Szenerie konnte zu allen Zeiten nicht verfehlen, die Stimmung der Jugend zu erhöhen und von den Fesseln eines pedantischen Komments zu befrein; die Studenten tranken leichten Wein anstatt des schweren Bieres und waren fröhlicher und gesitteter zugleich als in Halle.

*Joseph von Eichendorff, 1857*

Heidelberg galt, vor allem bei Ausländern, als Inbegriff deutscher Romantik. Mark Twain feierte die Stadt und ihre Umgebung als »das Vollendetste an Schönheit«, und William Turner ließ sich von ihrem Panorama zu herrlichen Aquarellen inspirieren. Für ein kosmopolitisches Klima sorgte die 1386 gegründete Ruprecht-Karl-Universität, nach Prag und Wien die drittälteste im Heiligen Römischen Reich, die als eine der besten europäischen Bildungsstätten auch ausländische Studenten magisch anzog. Der pfälzische Erbfolgekrieg brachte der Stadt 1693 schwere Zerstörungen, doch blieben einige architektonische Zeugnisse erhalten – so das Gasthaus Zum Ritter mit seiner prächtigen Renaissancefassade von 1592 *(rechts)*. Blickfang ist natürlich das Renaissanceschloss auf der Höhe des Königstuhls. Obwohl es 1693 von den Franzosen verwüstet wurde, hat es als Ruine nichts von seiner Attraktivität verloren *(links)*. Andere Schwerpunkte des Stadtpanoramas bilden die Alte Brücke und das Neckartor von 1788 sowie die spätgotische Heiliggeistkirche von 1485. Dass Heidelberg den Zweiten Weltkrieg weitgehend unbeschadet überstanden hat, grenzt an ein Wunder, das dem benachbarten Mannheim nicht vergönnt war.

IN DEN BADEORTEN LASSEN SICH DIE HOTELIERS UND OBERKELLNER, wenn sie den Gästen ihr Logis anweisen, nicht von deren Forderungen und Wünschen leiten, sondern vielmehr von ihrem eigenen persönlichen Urteil über sie, und man muß zugeben, daß ihnen dabei nur selten ein Irrtum unterläuft. Aber der Tante wurde – weshalb eigentlich? – ein so großartiges Quartier angewiesen, daß man sie denn doch überschätzt hatte ... Wofür die Tante allgemein gehalten wurde, weiß ich nicht genau; aber anscheinend betrachtete man sie als sehr vornehme Persönlichkeit und – das war die Hauptsache – als außerordentlich reich. In das Fremdenbuch wurde sogleich eingetragen: Madame la générale princesse de Tarassevitcheva, obwohl die Tante keineswegs eine Fürstin war. Wahrscheinlich hatten die eigene Dienerschaft, das gesonderte Abteil in der Eisenbahn, die Unmenge unnötiger Koffer, Schachteln und Kisten, die sie mit sich führte, den Grund für diese Wertschätzung gelegt.

*Fjodor M. Dostojewski, 1866*

HEIDELBERG

Tagung der Vereinigung der New Yorker Kieferchirurgen in Heidelberg 1912 *(oben)*. Man logierte im Hôtel de l'Europe *(rechts)*, einem später in Hotel Europa umbenannten prominenten Etablissement, das 1865 eröffnet und in den 30er Jahren umgebaut wurde.
*Seiten 84/85:* Blick auf den Ottheinrich-Bau der Heidelberger Schlossruine. Skulpturen von Apollo und Jupiter stehen hoch über der Büste von »Otto Heinrich, von Gottes

Gnaden rheinpfälzischer Graf, Oberstallmeister und Kurfürst des Heiligen Römischen Reichs, Herzog von Nieder- und Oberbayern«. Über die Zerstörung schrieb Théophile Gautier: »Soll man die Bomben von General Mélas verdammen oder gutheißen? Wir tendieren eher zu letzterem. Womöglich waren beide Schlösser in intaktem Zustande von bescheidener Schönheit; jedenfalls zerstörten die Bomben sie gerade zur rechten Zeit, um sie zu den großartigsten Ruinen

der Welt zu machen. Dass diese viel gescholtenen Bomben dem Bauwerk nicht geschadet haben, beweist die emotionsgeladene Diskussion in der Kunstwelt um die vorgesehene Restaurierung.«

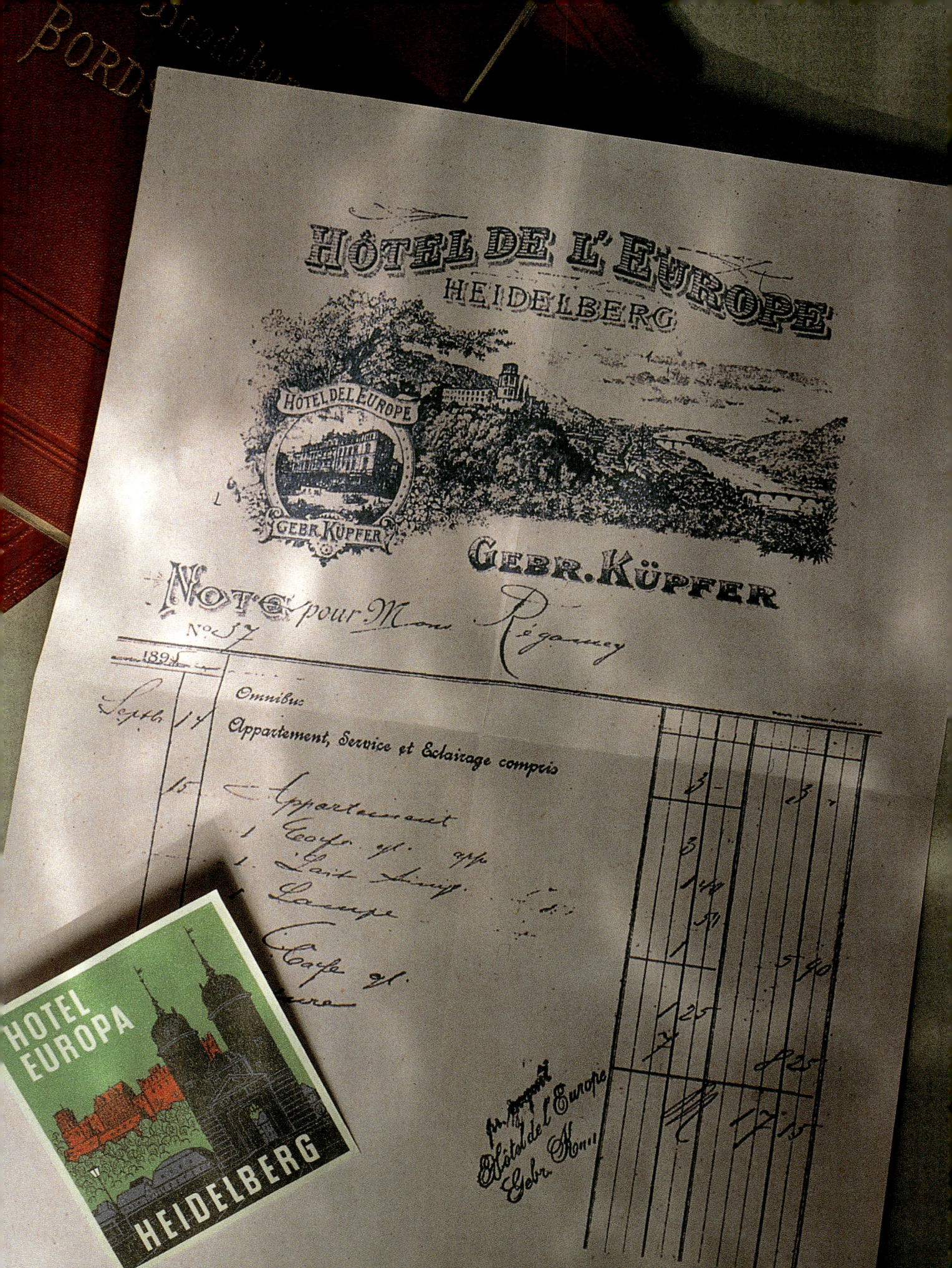

BADEN-BADEN LIEGT ZWISCHEN HÜGEL GEBETTET, und die natürlichen und künstlichen Schönheiten der Umgebung ergänzen sich wirkungsvoll und gar reizend. In dem Streifen Land, der sich durch die Stadt und darüber hinaus erstreckt, hat man hübsche Parks angelegt, in denen prächtige Bäume Schatten spenden und hie und da ein Springbrunnen hohe Wasserfontänen in den Himmel sprüht. Dreimal am Tag macht eine gute Kapelle auf der öffentlichen Promenade vor dem Conversationshaus Musik, und am Nachmittag und abends ist dieser Ort ein beliebter Treffpunkt für modisch gekleidete Menschen beiderlei Geschlechts, die vor dem großen Musikpodium auf und ab gehen und sehr gelangweilt dreinblicken, obwohl sie einen völlig anderen Anschein erwecken möchten.

*Mark Twain, 1880*

BADEN-BADEN

Baden-Baden, der Treffpunkt der eleganten Welt, wo Komponisten wie Hector Berlioz und Jacques Offenbach ihr Publikum fanden, Johannes Brahms komponierte und Clara Schumann zeitweise wohnte, Dostojewski sein Glück verspielte und die Neugier aller geweckt war, wenn der deutsche Kaiser oder die britische Königin Victoria durch die Straßen fuhren. Über den Tagesbeginn des normalen Kurbetriebs schrieb 1845 der Korrespondent der Zeitschrift *Le Voyageur*: »Der Nachtwächter hat seinen monotonen Gesang noch nicht beendet, da hebt schon der Lärm in den Straßen von Baden-Baden an. Vor allem im Hotel Badischer Hof und im Hotel zum Rhein wird man bei Tagesanbruch geweckt; überall werden lärmend Türen aufgerissen und zugeschlagen. Der eine geht, in seinen Bademantel gehüllt, hinunter, um sein Bad zu nehmen; der andere, mit einem Spazierstock ausgerüstet, um in den nahen Bergen zu wandern; dieser ruft nach dem Personal, man möge ihm seine Kleider bringen; jener klingelt noch schlaftrunken

mehrmals nach dem Tee; Befehle in sämtlichen Sprachen schwirren durch die Luft.«

Blick auf die 1842 eingeweihte Trinkhalle, deren 90 Meter lange Wandelhalle von 16 korinthischen Säulen gestützt wird *(oben)*. Auf 14 Wandbildern *(links)* sind Szenen aus Legenden dargestellt, die sich auf den Schwarzwald beziehen.
*Rechts:* Kofferanhänger des Hotels zum Bayrischen Hof gegenüber dem Bahnhof, das nicht mehr existiert.
*Seiten 90/91:* Das Kurhaus mit seiner klassizistischen Hauptfassade (1823). Früher nannte man diesen Mittelteil »Conversationshaus«.

NEIN, WIR SEHEN NICHTS VON BADEN, EHE WIR EINFAHREN. Eine lange Allee italienischer Pappeln schließt wie ein Theatervorhang diese herrliche Dekoration ab, die dem arrangierten Bühnenbild einer Schäferoper gleicht. Man muß sich anderswo hinbegeben, um dieses großartige Schauspiel zu genießen. Lösen Sie Ihre Eintrittskarten für den »Conversations-Saal«, zahlen Sie Ihr Abonnement, belegen Sie Ihren Sperrsitz, und dann können Sie inmitten der Bénazet-Galerien zu den Klängen eines Orchesters, das den ganzen Tag lang im Freien spielt, den vollständigen Anblick Badens, seines Tales und seiner Berge genießen, sofern der liebe Gott es sich angelegentlich sein läßt, den Lüster anzuzünden und die Kulissen mit seinen schönen Sommerstrahlen zu beleuchten.

*Gérard de Nerval, 1838*

Baden-Baden, wo die Saison am 1. Mai begann und am 31. Oktober endete. Der *Badener Merkur* verzeichnete sämtliche Termine für die großen Bälle, Konzerte und Pferderennen sowie Jagden und sonstige gesellschaftliche Ereignisse.
*Rechts:* Eine Loge des Baden-Badener Theaters, dessen Tradition bis ins 17. Jahrhundert zurückgeht. Der heute noch bestehende Prunkbau des Theaters von 1862, errichtet nach Plänen französischer Architekten, wurde festlich mit Hector Berlioz' Oper *Béatrice et Bénédict* eingeweiht, die eigens für diesen Anlass komponiert wurde.
*Seiten 94/95:* Blick in die Repräsentationsräumlichkeiten der Spielbank, deren verschwenderische Pracht den Stilkompositionen des fanzösischen Ancien régime nacheifert.

*Oben:* Die Hauptsaison ist wieder einmal eröffnet. Baden-Badens Kurorchester spielt im Freien. Darbietungen dieser Art waren seit jeher ein wesentlicher Bestandteil des Kurangebots. Während früher oft Militärkapellen die musikalische Unterhaltung bestritten, versichert man sich mittlerweile der zivilen Dienste von Orchestermusikern.
*Unten:* Aquarell der Lichtentalerallee auf einer Speisekarte von Brenners Park-Hotel, *dem* Grandhotel von

DIE KALESCHE DES GASTWIRTS SETZTE UNS AN DEM BADENER BÄHNCHEN AB, das immer wieder Halt machte und uns durch eine herrliche Landschaft mit bewaldeten Hügeln schaukelte, den Schwarzwald. Die Bahnhöfe sind sehr hübsch und muten wie Tiroler Sennhütten an, über und über mit Clematis, Hopfen und wildem Wein bewachsen ... Man steigt nach Lust und Laune ein und aus. Die deutsche Eisenbahn hat es nicht eilig, und das gefällt uns an ihr. An den Haupthaltestellen erteilt ein vollbärtiger Prachtkerl, gekleidet wie ein livrierter Diener und in der Hand einen großen Stock mit silbernem Knauf, eilfertig auf Alemannisch die erforderlichen Auskünfte.

*Théophile Gautier, 1858*

BADEN-BADEN

*Oben:* Die Gegensätze konnten nicht größer sein, wenn man vom internationalen Baden-Baden einen Abstecher ins beschauliche Bad Wildbad machte. Nicht mehr das Flair eleganter Weltläufigkeit, sondern ein gesellschaftlich entspannter Kurbetrieb inmitten des engen, waldreichen Enztals. Aufnahme von Bad Wildbad mit seinen Kureinrichtungen wie dem Graf-Eberhards-Bad (Ende 19. Jahrhundert).
*Links:* Werbeplakette für die Ausstellung »Das Schwäbische Land«, 1925.

*Rechts:* Von der Lichtentalerallee erreicht man zu Fuß in einer knappen Stunde das Alte Schloss hoch über Baden-Baden und in einer weiteren halben Stunde die Battertfelsen, eine Art natürliche Festung aus Porphyrblöcken (um 1900).
*Faksimile:* Prospekt des Hotels zum Hirschen um 1910.

RESPEKTVOLLER, DISZIPLINIERTER SIND DIE HÄUSER um kein großes Gotteshaus geschart als in Freiburg. Aber es ist keine Zone scheuer Ehrfurcht. Man muß es sehen, wie munter und lebensfroh es an Markttagen zugeht ... In den alten Gassen um das Münster herum ist Schritt für Schritt allerhand Nettes zu entdecken. Da gibt es noch Tore, die sich bis heute standhaft weigern, als Verkehrshindernis diffamiert zu werden, da gibt es Brückchen über die Dreisam, der es gar nicht rasch genug gehen kann, bis Vater Rhein sie verschluckt, da sprudeln aber auch abseits mitten in den Gassen lebendige Gewässer, und wer nicht so recht weiß, wo dieses Freiburg am gemütlichsten ist, der braucht in der Dämmerstunde nur einem der gesetzten Bürger zu folgen, die nach des Tages Mühen zielbewußt aus den Häusern treten: sie wissen, wo man den hellen süffigen Markgräfler Wein oder den schweren des Glottertals an der reinsten Quelle trinkt.

*Hermann Missenharter, 1954*

*Oben:* Während die Zuschauer ein Autorennen im Schwarzwald erwarten (1907), bereitet sich ein Badener Polizist auf seinen ernsten Job als Streckenposten vor.
*Rechts:* Victor Hugo über das Freiburger Münster, das seine architektonische Kraft nicht zuletzt der Kombination von romanischer und gotischer Substanz verdankt: »Der Küster hat sich Chor und Kapellenkranz vorbehalten. Man geht hinein, muss aber bezahlen; allerdings tut einem das

Geld nicht leid. Diese Apsis wirkt, ähnlich den flandrischen, wie ein Museum, und ein vielseitiges dazu. Es enthält byzantinische Goldschmiedearbeiten, spätgotische Schnitzereien, Stoffe aus Venedig, Tapisserien aus Persien, Bilder von Holbein ...« Vom Turm aus reicht der Blick bis ins Höllental (aufgenommen um 1910).
*Seiten 98/99:* Ansicht von Stuttgarts Stadtzentrum 1910: Für das Neue Schloss, errichtet als offene huf-

eisenförmige Anlage nach den Plänen der Baumeister Leopoldo Retti und Philippe de La Guêpière, legte Herzog Karl Eugen von Württemberg 1746 den Grundstein. 1807 war die repräsentative Barockresidenz der württembergischen Herzöge und Könige fertig gestellt. Die Jubiläumssäule, 1841 zur Feier des 25. Jahrestags der Thronbesteigung König Wilhelms I. von der Stadt gestiftet, wurde 1860 mit einer Bronzeallegorie der Eintracht bekrönt; die Brunnen, deren Putten die acht schwäbischen Nebenflüsse von Rhein und Donau symbolisieren, wurden 1863 eingeweiht. Zum architektonischen Ensemble zählen auch das Alte Schloss, der Königsbau sowie das Opernhaus.

# Zwischen Donau und Alpenvorland

Nordsee

Ostsee

Sylt

Helgoland

Rügen

Ostfriesische Inseln

Kiel

Rostock

Lübeck

Hamburg

POLEN

NIEDERLANDE

Bremen

Elbe

Oder

Weser

Berlin

Hannover

Baunschweig

Magdeburg

Hildesheim

Goslar

Harz

Leipzig

Lausitz

BELGIEN

Dortmund

Wuppertal

Düsseldorf

Göttingen

Kassel

Dresden

Köln

Thüringer Wald

Chemnitz

Aachen

Bonn

Elbe

Koblenz

TSCHECHISCHE

LUXEMBURG

Frankfurt

REPUBLIK

Trier

Wiesbaden

Main

Bamberg

Bayreuth

Mosel

Mainz

Darmstadt

Würzburg

Nürnberg

Böhmerwald

Rothenburg

Karlsruhe

Regensburg

Walhalla

Donau

Stuttgart

Passau

FRANKREICH

Schwäbische Alb

Ulm

Augsburg

Donau

München

Rhein

Inn

Freiburg

Schwarzwald

Herrenchiemsee

Konstanz

Oberammergau

Bad Reichenhall

Bodensee

Füssen

Garmisch-
Partenkirchen

Königssee

Lindau

Hohenschwangau
Neuschwanstein
Linderhof

Zugspitze

SCHWEIZ

ÖSTERREICH

*Rechts:* Das historische Darmstadt
wurde im Zweiten Weltkrieg weitgehend zerstört. Eine Aufnahme um
1890 zeigt den Weißen Turm, einen
Rundturm aus dem 14. Jahrhundert,
der Anfang des 18. Jahrhunderts
aufgestockt wurde. Einst war er Teil
der Stadtbefestigung.
*Unten:* Auf einer Ansichtskarte
Würzburgs von 1919 mit der Alten
Mainbrücke und der Festung Marienberg wird für Frankenwein in dem für
diese Lage typischen Bocksbeutel
geworben. – Aufkleber des Hotels
Deutsches Haus in Dinkelsbühl, das
seit jeher wegen der Geschlossenheit
seines mittelalterliches Stadtbildes
gerühmt wird.
*Seiten 102/103:* Der Forggensee in
der Nähe des König-Ludwig-Schlos-
ses Hohenschwangau.

V or allem Bayern vermittelt den wissbegierigen
Fremden Kenntnisse über die deutschen Städte.
»Als Kinder bekamen wir zu Neujahr bisweilen
eine jener Schachteln aus Nürnberg geschenkt, die eine
deutsche Stadt en miniature enthielten«, erinnert sich
Théophile Gautier. »Auf hunderterlei Arten stellten wir die
kleinen, aus Holz geschnitzten und bemalten Häuschen um
die Kirche mit dem spitzen Glockenturm und den rosafarbenen Backsteinmauern auf, deren Fugen mit dünnen,
weißen Strichen angedeutet waren, apfelgrüne, rosa, lila
und sandfarbene Häuser mit kleinen Sprossenfenstern,
treppenförmigen und geschwungenen Giebeln und rot
lackierten, spitzen Dächern.«
Der Großherzog von Hessen-Darmstadt hatte die Macht, es
zu machen wie die Kinder. Aus Berlin, Paris und Wien rief
er sieben Künstler aus unterschiedlichen Bereichen in
seine Hauptstadt und bot ihnen Grund und Boden, Steuer-
befreiung und Pensionen mit folgender Auflage: »Macht
mir Darmstadt zur schönsten Stadt Deutschlands.« So entstanden die Häuser, die die Reisenden in den Stadtvierteln
um die Mathildenhöhe und im Tintenviertel besichtigten.

1 Nacht in Landsberg/Lech

Süddeutschland ist in doppelter Hinsicht ein Paradies für Romantiker, bietet es doch authentisches Mittelalter und zugleich die Rückbesinnung auf das Mittelalter, die man im 19. Jahrhundert Romantik nannte. Echtes Mittelalter findet man auf der Festung Marienberg in Würzburg und im Kreuzgang der Neumünsterkirche, wo der bedeutendste Minnesänger, Walther von der Vogelweide, ruhen soll; in Rothenburg ob der Tauber, das Hohenstaufen-Kaiser und Pilger lange vor den Reisenden der Neuzeit bestaunten; in den Skulpturen des Bamberger Doms, den Werken des anonymen Meisters, der den »Bamberger Reiter« schuf, und der Kreuzigungsgruppe von Justus Glesker; in Nürnberg in den Wunderwerken aus Holz, Stein und Bronze von Veit Stoß, Adam Krafft und Peter Vischer.

In den Königsschlössern ersteht das Mittelalter von Neuem: im neugotischen Hohenschwangau bei Füssen, das Kronprinz Maximilian 1833–37 neu aufbauen ließ, und im neuromanischen Neuschwanstein, dem 1869–86 auf einer Felsspitze über der Pöllatschlucht erbauten Märchenschloss König Ludwigs II., dessen Innenausstattung an Lohengrin und die Nibelungen erinnert.

In den Jahren um 1840 erreicht man München über den Rhein – zuletzt in vier Stunden von Schaffhausen nach Konstanz und weiteren zweieinhalb Stunden mit dem Dampfer von Konstanz nach Bregenz über den See –, und man verlässt die Stadt Richtung Norden über die Donau, wie der Orientalist Johann Philipp Fallmerayer, der an einem 6. Juli in der bayerischen Hauptstadt aufbrach, am 8. in Regensburg einen Dampfer bestieg und am 1. August das Schwarze Meer erreichte.

In Sachen Verkehr waren die Wittelsbacher Vorreiter: Ludwig I. ließ die erste Eisenbahnlinie von München nach Augsburg, dann die von Nürnberg nach Bamberg bauen; die ersten Dampfschiffe auf deutschen Gewässern gab es auf dem Bodensee und ebenso, in einem schwimmenden Hangar, den ersten Zeppelin. Schließlich begann Ludwig I. von 1847 an einen Kanal zwischen Bamberg am Main und Kelheim an der Donau zu bauen, der den Rhein und damit die Nordsee mit dem Schwarzen Meer verbinden sollte.

Später kamen die großen internationalen Züge: Ob man aus Paris, London oder Ostende kam, München lag auf der Strecke des Orient-Express und auf der Nord-Süd-Strecke, an deren Ende die 1869 in Betrieb genommene Brennerbahn von Innsbruck nach Bozen für eine Sensation sorgte.

*Links:* Nicht immer richtet sich die Motivauswahl eines Touristen nach den Empfehlungen der Reiseführer, wie diese Fotos aus einem Reisetagebuch, das einen Aufenthalt in Landsberg am Lech dokumentiert, beweisen. In diesem Fall sticht das Interesse an Logis und automobilen Schnappschüssen die fotografische Erinnerung an die barocken Schönheiten des Orts aus.

*Oben:* Neuschwanstein, eines der prunkvollen Schlösser Ludwigs II. von Bayern, als Verwirklichung königlicher Architekturträumerei über Mittelalter, Mythen und Sagen. Hier ein Ausschnitt des Thronsaals, der die sorgfältige ornamentale Ausgestaltung erkennen lässt. – Kofferaufkleber des Hotels Drei Mohren in Augsburg neben der Stadtresidenz der Fugger.

So wird die Ode an den Bahnreisenden von Valery Larbaud zur Ode an Bayern: »Oh, Orient-Express, Süd-Brenner-Bahn, leiht mir eure wunderbar dumpfen Töne, eure kräftigen Stimmen von Lockvögeln; leiht mir den sanften, leichten Atem der hohen, schlanken Lokomotiven, die sanft schaukelnden Bewegungen ...«

Doch Bayern ist durchaus kein Operetten-Königreich, nur weil die Bahnhofsvorsteher farbenfrohere Uniformen tragen als mexikanische Generäle. Es ist vielmehr Vorreiter in Sachen Modernität. Am 1. Januar 1911 wohnt der Russe Wassily Kandinsky, der seit fast 15 Jahren in München lebt, einem Konzert von Arnold Schönberg bei, veröffentlicht dort 1912 *Über das Geistige in der Kunst* und gründet mit Franz Marc den »Blauen Reiter«. Bereits 1902 entstand die literarisch-musikalische Vereinigung »Die 11 Scharfrichter«, ein satirisches Kabarett.

Neue Impulse kamen von weit her: 1869 verlieh Ludwig II. dem realistischen Maler und künftigen Kommunarden Gustave Courbet den St.-Michaels-Orden, und dass er Richard Wagner unterstützte, ist ohnehin bekannt. Fanatische Musikliebhaber aus der ganzen Welt strömten in die Säle der Residenz und ins Prinzregenten-Theater, und in der Maximilianstraße konnte man eine halbe Stunde lang die Prozession der Wagnerianer beobachten, die zur Premiere von *Rheingold* herbeigeeilt waren. Vor der Vorstellung besuchten sie die Kunstsammlungen, mit denen die kunstsinnigen und äußerst spendablen Könige ihre

Stadt München ausgestattet hatten. »Viele Amerikaner und Russen, Deutsche, Rumänen, Ungarn, einige Franzosen«, notiert der Journalist Jules Huret zu Beginn des 20. Jahrhunderts. »Man besucht das Haus von Lenbach, die Villa Stuck, das Haus von Benno Becker, wie man kleine Museen besucht. Die Eigentümer lassen diese Störung höchst wohlwollend über sich ergehen.«

Die Gastfreundschaft der bayerischen Dynastie manifestiert sich in dem Palais, das Ludwig I. für Lola Montez in der Barerstraße 7 erbauen ließ, und etwa zehn Jahre später im Hotel Vier Jahreszeiten, das Maximilian I. in der Nähe seiner Residenz für seine Gäste errichten ließ. In der Belle Epoque bekommt man dort Sisi zu Gesicht; »strahlend schön, raubt sie den hiesigen Menschen fast den Verstand«.

In Bayern wird nahezu immer gefeiert, für Touristen ein willkommener Anlass, hierher zu reisen. In einem bestimmten Monat zählte Jean Giraudoux 21 Feiertage, wobei mit jedem glücklichen oder tragischen Ereignis, das den Wittelsbacher Fürsten und Prinzen widerfuhr, ein weiterer hinzukam. Und die katholische Kirche steuert noch die ihren bei. »Von Dreikönig bis Aschermittwoch ist die ganze Stadt ein Tollhaus. Eine andauernde Trunkenheit und Ausgelassenheit, die sich im Einzelnen nicht beschreiben lässt ... In München gibt es andauernd Kostümbälle, jeden Mittwoch und Samstag, man tanzt bis drei Uhr morgens, und wenn der Ball vorüber ist, gehen die Pärchen und Cliquen in die Brauhäuser zum Weißwurstessen bis vier oder fünf Uhr, dann wird wieder getanzt ...«

In der Gegenreformation trat die katholische Kirche in der Münchner Jesuitenkirche St. Michael mit barockem Stil auf, der in der Kirche St. Johann Nepomuk der Brüder Asam zum Rokoko hochstilisiert wurde. Trotz der mit Gold überladenen Kirchen ist Bayern ein grünes Land mit blauen Seen und weißen Berggipfeln; einen Beweis hierfür liefert Albrecht Altdorfers Gemälde »Grablegung Christi« in Wien, auf dem sich das biblische Geschehen am Fuß von Berggipfeln und Alpengletschern abspielt. Und mit Gipfeln konkurrieren will anscheinend auch das Ulmer Münster mit dem höchsten steinernen Kirchturm der Welt.

*Linke Seite:* Das Dürer-Haus um 1880, ein Beispiel für spätgotischen Fachwerkbau. Albrecht Dürer, der epochale Maler, Grafiker und Zeichner (1471–1528), lebte und arbeitete hier unweit der Nürnberger Burg von 1509 bis zu seinem Tod. Heute ist das Haus als Museum zugänglich.

*Oben:* Das weltberühmte Münchener Oktoberfest, eine Touristenattraktion ersten Ranges, begann 1810 mit einem Pferderennen anlässlich der Hochzeit des bayerischen Kronprinzen Ludwig. Das Fest dauert 16 Tage und endet traditionell am ersten Sonntag im Oktober. Aufnahme aus der Prinzregentenzeit. – Bierdeckel.

*Links:* Lebensgenuss und Gläubigkeit in trauter Zweisamkeit, dokumentiert an einem Bildausschnitt, in dem sich ein Architekturdetail der Würzburger Neumünsterkirche mit dem kunstvollen Firmenschild eines Weinhauses verbindet.

KÖNIGLICH WUSSTEN DIE KÖNIGE UND FÜRSTEN SCHON VON AUSSEN ZU WIRKEN, und wer dann noch seinen Fuß in die innere sinnverwirrende Pracht setzte, der mußte augenblicklich bekennen, daß er mit fürstlicher Hoheit verglichen nur ein armer schwacher, nicht bedeutender Untertan sei ...

*Robert Walser, 1918*

WÜRZBURG

*Links:* Heiligenstatuen sonder Zahl – von 300 ist die Rede – dekorierten einst das Würzburger Stadtbild. Hier eine Detailaufnahme von der Alten Mainbrücke von 1543, deren zwölf Statuen aus den Jahren 1725–30 nach den Kriegsverwüstungen nur noch in Kopien vorhanden sind.
*Unten:* Hoch über Würzburg und dem Main thront die Festung Marienberg, in der von 1253 bis 1720 die Fürst-bischöfe residierten. Die barocke Schönheit der Stadt war von jeher ein touristischer Magnet. Zentrum dieser Architektur ist die Residenz (1720–1744), die nach Plänen von

Johann Maximilian von Welsch, Johann Lukas von Hildebrandt und Johann Balthasar Neumann errichtet wurde und für deren Ausgestaltung die besten Künstler ihrer Zeit gewon-nen werden konnten. Die wertvollsten Kunstwerke hinterließ der venezia-nische Meister Giovanni Battista Tiepolo. Heute zählt die 1945 schwer beschädigte und grandios restaurier-te Anlage zum Weltkulturerbe. – Darunter Requisiten eines Touristen anno dazumal auf großer Fahrt: Rei-setasche, Stöcke und Schirm, Fern-glas und Reiseführer, Schrankkoffer und Hutschachtel.

*Seiten 112 und 113:* Der Georgsbrun-nen und die Marien-Apotheke (um 1925), daneben aus derselben Zeit ein Touristenführer, ein Lageplan, eine Hotelplakette.
*Faksimile:* Mit Aquarellen bebilderter Reiseprospekt aus den 50er Jahren.

Würzburg, Festung.

FÜHR

RATSKELLER
HOTEL
RESTAURANT
ROTHENBURG o. T.

DAS RATHAUS, ZWISCHEN 1744 UND 1756 ERBAUT, beansprucht für sich allein den malerischsten Platz und die imposanteste Stelle: auf einem Inselchen zwischen zwei Brücken errichtet, thront es über der Regnitz; um von einem Ufer ans andere zu gelangen, muß man sich seinem Joch beugen. Dennoch wirkt es nicht monumental: Sein Hauptschmuck besteht in einem außergewöhnlichen Balkon aus durchbrochenem Stein im Stile des Rokoko, und in Resten von Fresken, die in grauen Farbtönen Helden und verschnörkelte Säulen darstellen. Der Ausblick, den man oben von der Brücke genießt, ist wirklich atemberaubend; die Regnitz, die hier ihr volle Breite erreicht, fließt majestätisch am Fuß langer Häuserreihen dahin (Kais kennt man hier nicht) und treibt zahlreiche Mühlen an, durch deren riesige Schleusen das Wasser wild schäumend und tosend sprudelt.

*Eugène Müntz, 1898*

Bamberg, die fürstbischöfliche Residenz an der Regnitz (Ansichtskarte um 1910). Überragt vom viertürmigen Dom, zählt das großenteils barocke Architekturensemble der Altstadt mittlerweile zum Weltkulturerbe der UNESCO. Das Alte Rathaus, das aus einem Torturm hervorgegangen ist und seit dem 14. Jahrhundert inmitten des linken Regnitzarms steht, zeugt in seiner barocken Umgestaltung von Bürgerstolz und Selbstbewusstsein *(rechts)*.

*Seite 116:* Unweit des Rathauses befindet sich das Weinhaus Messerschmitt, ein Mittelpunkt bürgerlicher Gastlichkeit. Der barocke Fassadenreichtum des Hauses fügt sich in eine Architektur, die nach dem Vorbild der Fürstbischöfe auf Repräsentanz bedacht war.
*Seite 117:* Menükarte eines festlichen Banketts am 4. Juli 1884 anläßlich der Feier des 108. Jahrestages der Unabhängigkeitserklärung der Vereinigten Staaten *(rechts)*.

# DINER

gegeben von J. G.

## zur Feier des 108. Jubiläums der Unabhängigkeitserklärung der Vereinigten Staaten von Nord-Amerika.

### MENU

Port-à-Port
Burgunder Montrachèt }    Hummer-Mayonnaise

Josephshöfer 74er    Suppe von feinen Kräutern.

Château Margeaux 78er    Forellen blau mit Buttersauce
neue Kartoffel.

Johannisberger Claus 68er    Roastbeef engl. - junge Gemüse.

Burgunder Chambertin 78er    Huhn gebacken - grüne Erbsen.

Hochheimer Dom-
Präsenz 68er } Milkenpastetchen - Blumenkohl.
        Rehrücken - Salat - Compôt.

Louis Röderer: Carte blanche    Maccaronen-Pudding.

Gefrorenes. - Käse. - Dessert,
Früchte.

Abgehalten bei J. B. Messerschmitt.
Bamberg, den 4. Juli 1884.

DIE WAGNERAUFFÜHRUNGEN BEGINNEN UM 16.00 UHR UND DAUERN BIS 22.00 UHR, mit zwei Pausen von je 50 Minuten. In der zweiten Pause diniert man im benachbarten Restaurant, sofern man einen Tischplatz ergattern kann. Wenn nicht, muß man wohl oder übel im Stehen essen. Von der Empore aus ertönen zwei Durchsagen in Form einer Fanfare, die ein Motiv des gespielten Stückes aufnimmt und darauf hinweist, man möge wieder seinen Platz einnehmen, so man nichts von der Aufführung versäumen will ... Das Eintreffen der Wagen, die stockend den Hügel hinauffahren und die Zuschauer absetzen, gehört zu den merkwürdigsten Anblicken von Bayreuth. Denn in diesem Moment revanchieren sich die Damen weidlich für die unumgängliche Dunkelheit im Saal, und ihre ganze Eitelkeit zeigt sich in Form des Hutes und dem Schnitt des Mantels, über Schultern geworfen, die nicht entblößt werden dürfen.

*Peter Iljitsch Tschaikowsky, 1876*

BAYREUTH

Das Bayreuther Festspielhaus, seit dem Sommer 1876 Pilgerstätte für die Liebhaber der Opern Richard Wagners aus aller Welt. Der Fachwerkbau entstand nach Wagners eigenen Plänen als Amphitheater mit einem Schalldeckel über dem Orchestergraben, was dem Raum eine einzigartige Akustik verleiht. Anlässlich der Grundsteinlegung dirigierte Wagner Beethovens Neunte Sinfonie im Markgräflichen Opernhaus, einem Prunkbau mit drei Logenrängen von barocker Schönheit, der 1748 eingeweiht wurde.
*Rechts:* Erinnerungen an einen Festspielbesuch der Vorkriegszeit: Ansichtskarte und Festspielführer von 1924 sowie eine Schelllackplatte mit Wagner-Musik. Wem dies nicht genügte, der konnte sich auch damals schon an einem reichhaltigen Devotionalien-Angebot orientieren.

WOHL MAG DIR AUCH, GELIEBTER LESER, DAS HERZ AUFGEHEN IN AHNUNGSVOLLER WEHMUT, wenn du über eine Stätte wandelst, wo die herrlichen Denkmäler altdeutscher Kunst wie beredte Zeugen den Glanz, den frommen Fleiß, die Wahrhaftigkeit einer schönen vergangenen Zeit verkünden ... Solche Empfindungen erfüllten den, der ... diese Blätter schreibt, jedesmal, wenn ihn sein Weg durch die weltberühmte Stadt Nürnberg führte. Bald vor dem wundervollen Bau des Brunnens am Markte verweilend, bald das Grabmal in St. Sebald, das Sakramenthäuslein in St. Laurenz, bald auf der Burg, auf dem Rathause Albrecht Dürers tiefsinnige Meisterwerke betrachtend, gab er sich ganz hin der süßen Träumerei, die ihn mitten in alle Herrlichkeit der alten Reichsstadt versetzte.

*E. T. A. Hoffmann, 1820*

N Ü R N B E R G

*Oben:* Nürnberg, die alte Reichsstadt, Stadt der Reichstage und zeitweise Aufbewahrungsort der Reichskleinodien, in einer Ansicht von 1880. Blick auf die Karlsbrücke, die über die Pegnitz führt. Im Hintergrund die Fleischbrücke, deren gewölbte Form an Venedigs Rialtobrücke erinnert. – Kofferetikett des Grand Hotels in Nürnberg um 1930, eines führenden Hotels in Bahnhofsnähe.

*Rechts:* Im Zentrum der Stadt die Frauenkirche am Hauptmarkt, mit deren Bau 1350 begonnen wurde. Die Fassade beeindruckt durch einen fialenbesetzten Staffelgiebel und einen prächtigen zweigeschossigen Portalbau. Dieser von zwei achteckigen Ecktürmen eingerahmte Portalbau wird von einem Filigrangiebel bekrönt, wobei die Uhr mit dem berühmten »Männleinlaufen« eine besondere Attraktion darstellt, an der zur Mittagsstunde die Sieben Kurfürsten um den Kaiser laufen. Im Vordergrund steht der von schmiedeeisernen Gittern eingefasste Schöne Brunnen aus dem 14. Jahrhundert: Aus einem achtseitigen Becken wächst ein Stufenturm mit Statuen von christlich-mittelalterlicher Symbolik empor.
*Seiten 120/21:* Das 1339 vollendete Heiliggeistspital über der Pegnitz, das zu Beginn des 16. Jahrhunderts erweitert wurde. In der Kirche des Spitals wurden von 1424 bis 1796 die Reichskleinodien verwahrt.

ALS WIR FRÖHLICH DURCH EINES DER KLEINEN TÄLER DAHINTROTTETEN, zeigte A. auf ein Bächlein, das sich zu unserer Rechten durch die Wiesen schlängelte, und wies auf dessen Schönheit hin. »Es hat bestimmt einen Namen. Frag den Postkutscher!« – »Wie heißt dieses Flüßchen?« – »Donau, mein Herr.« Die Donau! Die unerwartete Begegnung mit diesem mächtigen Fluß, dessen dunkle Fluten sich vor unseren Augen durch Städte und Königreiche gewälzt hatten und der sich uns nun als Bächlein darbot, das sich mit einem Satz überspringen ließ, verschlug uns den Atem. Es war, als träfe man jemanden, den man als König gekannt hat und der nun als einfacher Bürgersmann daherkommt.

*James Fenimore Cooper, 1832*

*Oben:* Die Walhalla bei Regensburg in einer alten Ansicht. König Ludwig I. von Bayern ließ diese Ruhmeshalle bedeutender Deutscher zwischen 1830 und 1842 nach Plänen Leo von Klenzes im Stil eines dorischen Tempels errichten. 52 kannelierte Säulen stützen ein Dach, dessen Giebelfelder Ludwig von Schwanthaler gestaltete. Der vordere Giebel mit einer Kolossalstatue der Germania erinnert an die Befreiungskriege, der hintere an die Hermannsschlacht in römischer Zeit. – Ansichtskarte zur Oberpfälzischen Kreisausstellung in Regensburg, einer regionalen Leistungsschau in der Prinzregentenzeit.

*Rechts:* Utensilien eines Reisenden um 1890, der von Passau aus auf der Donau Richtung Schwarzes Meer fährt: zur Erinnerung an den Ausgangspunkt eine Ansichtskarte der Dreiflüssestadt Passau, wo sich Donau, Inn und Ilz vereinen; zur Orientierung ein Fahrplan des Linienverkehrs auf der Donau und zur Information eine Broschüre der Donau-Dampfschifffahrtsgesellschaft.
*Seiten 124/125:* Blick von der Walhalla auf die Donau, zu der 250 Marmortreppen hinabführen.

STADT DER BERGLUFT UND DES SÜDLICHEN HIMMELS, Pfeiler der Brücke zwischen Deutschland und Italien, Stadt der Bierkeller und weihrauchgefüllter Kirchen, der knurrenden Beamten, der schönen Bürgertöchter, der ungeschlachten Bauern, der bacchantischen Schwabinger, wo der Trambahnschaffner die Wogen des Verkehrs mit Humor glättet, wo der Haidhausener sein Bett und der Maler seinen Pinsel versetzt, um König des Faschings zu werden, wo der Dienstmann und der Professor und der Künstler und das Kind zusammen vor dem Kasperltheater stehen, Stadt der Gegensätze, wie ein lebendiges Herz sie vereinigt, farbiges, festliches, ländliches ... München!

*Ricarda Huch, 1930*

MÜNCHEN

*Oben:* Der Münchener Bahnhofsvorplatz um 1912, wo Droschken der großen Hotels und Omnibusse auf die Reisenden warteten. Der Dichter Detlev von Liliencron war 1890 tief beeindruckt von seinem München-Besuch: »Was an interessanten Menschen, Kirchen, Museen, Palästen, Hütten, was an Farben, Leben zu verschlucken war: Ich hab's mit den durstigsten Lippen eingesogen. Unendlich fruchtbringend!!!«
*Links:* Umschlag eines Reiseprospekts aus den 20er Jahren.

*Rechts:* Fotoalbum von 1890 mit Ansichten von München, dessen Name sich von der Siedlung Munichen (= bei den Mönchen) ableitet. Dass auf dem Stadtwappen ein Mönch abgebildet ist und die berühmten Brauereien teilweise nach Mönchsorden benannt sind, kommt demnach nicht von ungefähr. Die Ansichtskarte aus den 30er Jahren zeigt das Karlstor, das an die einstige Stadtumgrenzung im Mittelalter erinnert.
*Faksimile:* Postkarte vom Hofbräuhaus von 1899.

Munich

Munich

K. Hofbräuhaus

MÜNCHEN

Hopfen und Malz
Gott erhalts.

Druckers Kunstanst. G. Faltermeier München    Alleinverlag Paul Bergmann München    7117

WEIN
GEIGER
GARTEN

Souvenir

ER SITZT AM SONNTAG MITTEN UNTER DEN PHILISTERN in einem Brauhausgarten und wandert hinaus auf die Oktoberwiese, wo die Buden und Ringelspiele aufgeschlagen sind, und fährt nachmittags in einer Droschke in den »Englischen Garten«. Da gibt es manchmal eine Stunde, die er nicht vergessen möchte. So zwischen fünf und sechs, wenn die Wolken auf dem hohen Himmel so phantastisch werden in Form und Farbe und sich plötzlich wie Berge hinter den flachen Wiesen des »Englischen Gartens« aufbauen, so daß man denken muß: Morgen will ich auf diese Gipfel steigen. Und morgen ist dann ein Regentag und der Nebel liegt dicht und schwer.

*Rainer Maria Rilke, 1898*

M Ü N C H E N

*Oben:* Der Garten des Königlichen Hofbräuhauses am Platzl im Jahr 1910 nach dem Umbau von 1896. Diese Münchener Institution entwickelte sich im Laufe der Zeit zu einer Pilgerstätte für Freunde des Gerstensafts aus aller Welt. Dazu der Schriftsteller Frank Wedekind 1889: »Ich fürchte beinahe, dass ich vor lauter Gemütlichkeit nicht werde arbeiten können.«

*Links:* Ein Bierdeckel des Augustinerbräus in der Neuhauser Straße.
*Rechts:* Fassade des Augustinerbräus, einer jener Bräuschenken mit rustikalem Ambiente, die dazu beitrugen, Münchens Ruf als Bierstadt zu festigen. Frank Wedekind 1889 über einen Bräubesuch: »Das Gespräch ist sehr animiert, und ich fühle mich über die Maßen wohl.«

*Seiten 130/131:* Marienplatz mit Neuem Rathaus und Mariensäule (1638) nach einem Foto von 1906, das Zentrum Münchens. Erst 1908, nach 41-jähriger Bauzeit, war das neugotische Rathaus mit seinem 80 Meter hohen Turm vollendet. Der vielbesuchte Ratskeller ist vor allem für seinen Weinausschank bekannt.

ALS WIR NACH MÜNCHEN KAMEN, WAR DER REGINA-PALAST LEER. Man gab uns eine Suite, in der Prinzen nächtigten, zu Zeiten, da Prinzen reisten. Die jungen Deutschen liefen mit finsteren Mienen durch die schlecht beleuchteten Straßen – unter den Kronleuchtern der Braustuben sprach man ... von harten Zeiten. Thornton Wilder nahm uns in ein berühmtes Restaurant mit, wo das Bier mit den silbernen Maßkrügen, in denen es serviert wurde, mithalten konnte. Wir betrachteten die kostbaren Zeugnisse einer verlorenen Sache; unsere Stimmen hallten im Planetarium, und wir verloren die Orientierung in der nachtblauen Konstellation des Kosmos.

*Scott Fitzgerald, 1934*

dafür hielten, vorbehalten – eine eigene Welt repräsentativen Glanzes, die mit der Stadt der Künste wenig und mit dem rustikal-gewitzten Biedersinn der Einheimischen gar nichts zu tun hatte.
*Seiten 136/137:* Die Asamkirche (St. Johannes Nepomuk) in der Sendlinger Straße, erbaut um 1730 von Egid Quirin und Cosmas Damian Asam, den Meistern des bayerischen Rokoko. *Links* ein Blick ins Innere der verschwenderisch dekorierten Kirche auf den Altarraum, *rechts* die prachtvolle Fassade.

Münchener Nobelherbergen der Prinzregentenzeit: Das Regina Palasthotel am Maximiliansplatz (*oben*); das Hotel Vier Jahreszeiten (1858) in der Maximilianstraße (Briefkopf *unten*); das Hotel Bayerischer Hof (1841) am Promenadeplatz (*rechts*). Zeitweise durfte sich der Bayerische Hof durch ein Gerichtsurteil »das größte Hotel Deutschlands« nennen. Tourismus-Residenzen dieser Art waren natürlich den Aristokraten, dem reichen Bürgertum, den Berühmtheiten und denen, die sich

**HOTEL VIER JAHRESZEITEN**
**MÜNCHEN**

HANNA WAR NOCH SCHÜLERIN, EIN MÄDCHEN MIT KNIESTRÜMPFEN, sie traf ihn regelmäßig im Englischen Garten, wo er stets auf der gleichen Bank saß, und führte ihn dann durch München. Er liebte München. Er war alt, nach ihren damaligen Begriffen sogar uralt: zwischen 50 und 60. Sie hatten immer nur wenig Zeit, je Dienstag und Freitag, wenn Hanna ihre Geigenstunde hatte, und sie trafen sich bei jedem Wetter, sie führte ihn und zeigte ihm die Schaufenster. Armin war vollkommen blind, aber er konnte sich alles vorstellen, wenn man es ihm sagte. Hanna sagt: es war einfach wunderbar, mit ihm durch die Welt zu gehen.

*Max Frisch, 1957*

*Oben:* 1895 schickte die »Münchner Trambahn AG« erstmals eine elektrisch betriebene Straßenbahn auf ihre Strecke. Um 1900 gab es bereits 25 elektrische Straßenbahnen – sehr zum Unwillen des Prinzregenten Luitpold, der zumindest die unmittelbare Umgebung der Residenz nicht von Oberleitungen verschandelt wissen wollte und erst 1906 elektrische Drähte vor seiner »Haustür« genehmigte. Aufnahme zu Anfang des 20. Jahrhunderts.

*Rechts:* Der Englische Garten, ein sechs Kilometer langer und zwei Kilometer breiter Park inmitten der Stadt, ist Münchens grüne Lunge. 1789 befahl Kurfürst Karl Theodor per Dekret seinem in England ausgebildeten Hofgärtner Friedrich Ludwig Sckell, nach englischem Vorbild einen Volkspark anzulegen, und gewann damit den ersten Meister der landschaftlichen Gartenkunst in Deutschland. Zu den zahlreichen Parkbauten zählt der Chinesische Turm von 1790, der sich zu einem beliebten Ausflugsziel in der Tradition der Münchener Biergärten entwickelte. Aufnahme von 1895.
*Seiten 140/141:* Motiv aus dem Englischen Garten, der, von Wasserläufen durchzogen, durch die Vielfalt seiner landschaftlichen Gestaltung beeindruckt.

IN DER MITTE DER STADT ERHEBT SICH DAS MÜNSTER mit dem höchsten Kirchturm der Welt, dessen Bau sich über mehrere Jahrhunderte hinzog, von 1377 bis 1890 – daher der uneinheitliche Baustil. Das Münster wirkt leicht deplaziert, ja etwas aufdringlich, wie häufig im Zusammenhang mit außerordentlichen Leistungen oder Rekorden. Die Nase der Magdalena, die zum Kirchturm emporschaut, als wollte sie sich davon überzeugen, daß auch alles seine Richtigkeit hat, zeichnet ein kühnes, nachdenkliches Profil in die Luft, dem der sakrale Bau seine steinerne Wucht entgegensetzt. Von den zahlreichen Beschreibungen des Münsters sei die des detailverliebten Ferdinand Thrän zu erwähnen, der alle Einzelheiten beschreibt und erläutert, von den Säulenfriesen bis zu dem Verkaufserlös für eine Hose (6 Schilling und 2 Groschen), die ein frommer Mann namens Müller Wammes für Arbeiten an der Kirche spendete.

*Claudio Magris, 1986*

Ulm an der Donau, der Geburtsort Albert Einsteins, zählte im Spätmittelalter als Freie Reichsstadt zu den Handelsmetropolen Süddeutschlands. Der 161 Meter hohe Turm des Münsters, weltweit der höchste seiner Art und Wahrzeichen der Stadt, grüßt den Reisenden schon aus weiter Ferne. Das gotische Münster (Chorweihe 1383) wurde seit 1493 zu einer fünfschiffigen Hallenbasilika umgewandelt, doch der Ausbau des sich über dem prächtigen Westportal erhebenden Hauptturms wurde erst 1890 fertig gestellt – ein Schicksal, das an den Kölner Dom erinnert. Da sich die Bürger 1530 durch Abstimmung zur Reformation bekannten, ist in Ulm der seltene Fall zu besichtigen, dass ein Kathedralbau der evangelischen Kirche zugerechnet wird.

*Unten:* Postkartenimpressionen von Ulm und der mittelalterlich verwinkelten Altstadt, die 1944 schwer zerstört wurde. Aufnahmen zu Beginn des 20. Jahrhunderts.
*Rechts:* Die reich gestaltete Seitenfassade des gotischen Rathauses, das nach langer Bauzeit im 16. Jahrhundert fertig gestellt wurde.
*Seite 144:* Detailansicht im Innern des Münsters.

*Seite 145:* Das Rathaus mit einer astronomischen Uhr und Skulpturenschmuck am Hauptportal; im Hintergrund das Münster, im Vordergrund der Marktbrunnen, der so genannte Fischkasten. Aufnahmen von 1927.

ALLE DREI STIEGEN IN EINEN WINZIGEN ZUG und kamen am See an, zwischen bewaldeten Hügeln, und gingen an seinem Ufer entlang auf holprigen Pfaden ... In der Abenddämmerung leuchteten am Ufer mit einem Mal die vielen kleinen Lampions eines Restaurants auf. – Ich habe Hunger. Wie wäre es, wenn wir dort einkehrten? sagte Käthe beiläufig. Sie bog in die bewaldete Allee ein und verschwand am Rand des Wäldchens, das auf den See hinausging.

*Henri-Pierre Roché, 1907*

*Oben:* An der Route des berühmten Orient-Express, der von 1883 bis 1977 zwischen Paris und Istanbul verkehrte, lag der Chiemsee, das »Bayerische Meer«. In dem 80 Quadratkilometer großen See befinden sich drei Inseln: die kleine Krautinsel, die Fraueninsel mit einer um 770 gegründeten Benediktinerinnenabtei sowie die Herreninsel mit dem Schloss Herrenchiemsee, das König Ludwig II. von Bayern nach dem Vorbild von Versailles erbauen ließ.

*Links:* Ein Werbeprospekt des deutschen Verkehrsvereins um 1920.

*Rechts:* Gebundene Broschüre von Herrenchiemsee um 1920 sowie eine Ansichtskarte von Schloss Linderhof, dem dritten Schlossbau Ludwigs II.

*Seiten 148/149:* Schloss Herrenchiemsee um 1890. Hier hoffte König Ludwig II. seinen Traum vom absoluten Königtum zu verwirklichen, hier wollte er »Sonnenkönig« spielen – eine Rolle, die mit der politischen Wirklichkeit seiner Zeit nichts gemein hatte. Nur die edelsten und teuersten Materialien sollten nach dem Willen des Monarchen verwendet werden. Sieben Jahre nach Baubeginn, vom 7. bis 16. September 1885, weilte Ludwig II. das erste und einzige Mal in der noch nicht vollendeten Schlossanlage. Dann mussten die Bauarbeiten wegen Geldmangels eingestellt werden. Wenige Monate später wurde der bauwütige Herrscher entmündigt, woraufhin er im Starnberger See den Tod suchte.

Deutsches Land
Bayerische Alpen

Der Königssee
mit Bartholomä und
dem Oberfee
Berchtesgadener
Land

Königssee

Königssee

WEDER ALLZU GROSSER TRÜBSINN NOCH ALLZU GROSSE VERZWEIFLUNG in dieser Morgenlandschaft. Sie war licht und scharf wie ein Stich von Albrecht Dürer ... Ich war in jenem epischen Zeitalter des Heiligen Römischen Reiches, das in Deutschland des Morgens weiterlebt, während das romantische Zeitalter erst gegen Mittag seinen Einzug hält und bei einbrechender Nacht, in der Umgebung der Städte, das des Sturm und Drang. In der scharfen Morgensonne badete ich in jenem Mittelalter, mit dem Bayern uns bei seinem Erwachen beschenkt, wenn nur die Menschen und Tiere aufstehen, die sich seit Wallenstein nicht verändert haben ...

*Jean Giroudoux, 1922*

Der Königssee im Berchtesgadener Land, eines der beliebten oberbayerischen Ausflugsziele zwischen Watzmann und Hagengebirge. Die Felswände ringsum garantieren von der Mitte des Sees aus ein vorzügliches Echo. Wasserfälle bieten landschaftliche Attraktionen, zu denen einst auch die berühmte Eiskapelle im Eistal gehörte, eine Grotte, die 1861 durch einen Felssturz vernichtet wurde. Auf der Halbinsel befindet sich die alte Wallfahrtskirche St. Bartholomä, die schon 1134 bezeugt ist und 1697 neu errichtet wurde, sowie ein Jagdschlösschen aus dem frühen 18. Jahrhundert. Am Bartholomäus-

tag, dem 24. August, findet alljährlich eine große Bootswallfahrt über den See zur Kapelle statt, wobei nachts von den Höhen Feuer leuchten. Aufnahme um 1890.
*Links:* Fotos von einer Wanderung am Königssee im Sommer 1890; Touristenbroschüre aus den 30er Jahren.
*Rechts:* Bad Reichenhall unweit des Königssees (Ansichtskarte von 1902) ist für seine Salzgewinnung bekannt, für die 1509 ein Salzbrunnenhaus errichtet wurde. Als Heilbad fand Reichenhall seit Mitte des 19. Jahrhunderts zunehmend Beachtung.
*Seiten 152/153:* Mit Booten dieser Art finden nach altem Brauch die Prozes-

sionen auf dem Königssee statt, für die die Einheimischen ihre Tracht anlegen. Aufnahme vom Anfang des 20. Jahrhunderts.

BAYERISCHE

ALPEN

DIE »FANG-KOMMISSION«, DIE IM JAHR 1886 den bayerischen König Ludwig II. verhaften sollte, bestand aus sechs Notabeln, darunter der renommierte Irrenarzt Dr. Gudden. Die Herren nahmen in Hohenschwangau Quartier und genehmigten sich vor der beabsichtigten Verhaftung des Königs noch ein üppiges Souper. Die sechs Herren (und wohl auch einige Mitzecher) tranken 40 Maß Bier und zehn Flaschen Champagner. Dazu hatten sie sich ein Menü mit sieben Gängen servieren lassen. Die Speisekarte trug die Aufschrift: »Souper de sa Majesté le Roi«. Als die Herren dann zur Tat in Ludwigs Traumschloß Neuschwanstein wanken wollten, wurden sie von der Freiwilligen Feuerwehr des Ortes vertrieben.

*Hans F. Nöhbauer, 1986*

HOHENSCHWANGAU

NEUSCHWANSTEIN

Das Schloss Hohenschwangau bei Füssen war eine mittelalterliche Burgruine, bevor Kronprinz Maximilian von Bayern, der Vater Ludwigs II., sie ab 1833 neugotisch nach den Entwürfen des Architektur- und Theatermalers Domenico Quaglio neu errichten ließ. Nicht nur in der Architektur wird hier die romantische Mittelaltersehnsucht sichtbar, sondern auch in den üppigen Wandmalereien Moritz von Schwinds zu Geschichte (z. B. der Hohenstaufen) und Sagenwelt (z. B. des Schwanenritters Lohengrin). Ludwig II. verbrachte auf Hohenschwangau einen Großteil seiner Jugend, hatte hier später mehrfach seinen schwärmerisch verehrten

Freund Richard Wagner zu Gast, woran noch ein Tafelklavier erinnert.
*Links:* Hohenschwangau (1906).
*Unten:* Hotelreklame in einem Reiseführer 1940.
*Rechts:* Blick von Hohenschwangau auf das nur einen Steinwurf entfernte Neuschwanstein (2003).
*Seiten 156/157:* Panoramabild von Schloss Neuschwanstein vor der alpenländischen Gebirgswelt. Beim Tod König Ludwigs II. 1886 waren zwar die Wohnräume und Festsäle weitgehend vollendet, doch etliche Teile der Gesamtanlage befanden sich noch im Rohbau.

TROTZ DER SPÄTEN STUNDE HÖRTE MAN SÄGEN UND HOBELN. Fast alle Dorfbewohner waren Holzschnitzer; hinter den Fenstern der Werkstätten sah man eine Fülle geschmackloser Figürchen. In den Wirtshäusern herrschte großes Gedränge, die Touristen saßen eingekeilt zwischen bärtigen Männern mit langen Haaren: den Schauspielern, die sich jahrelang darauf vorbereitet hatten, die Personen des Mysteriums darzustellen. Der Christusdarsteller war derselbe wie im Jahr 1930, Sohn des Christus von 1920 und 1910, dessen Vater ebenfalls den Christus gespielt hatte ... Wir hatten nicht viel für folkloristische Darbietungen übrig, aber die Passion war wirklich großes Theater. Man gelangte durch eine Art Tunnel in eine riesige Halle, die zwanzigtausend Zuschauer faßt. Von acht bis zwölf und von zwei bis sechs Uhr erlahmte unsere Aufmerksamkeit nicht eine Sekunde. Breite und Tiefe der Bühne ermöglichten ungeheure Massenszenen, und jeder Statist spielte seine Rolle mit solcher Überzeugung, daß man sich inmitten der Menge glaubte, die Christus zujubelte und ihn auf dem Weg durch die Straßen von Jerusalem verhöhnte. »Lebende Bilder«, stumm, unbeweglich, wechselten mit bewegten Szenen ab. Zu einer sehr schönen Musik aus dem 17. Jahrhundert kommentierte ein Frauenchor das Drama.

*Simone de Beauvoir, 1934*

OBERAMMERGAU

*Links:* Die oberbayerische »Lüftlmalerei« findet vielerorts das Interesse der Touristen – wie hier in Oberammergau (1905). Es ist eine Volkskunst, die seit Jahrhunderten gepflegt wird.
*Rechts:* Alle zehn Jahre wird in Oberammergau der normale Touristenalltag unterbrochen, wenn zwischen Mai und September Abertausende aus dem In- und Ausland ins Festspielhaus pilgern, um dort die Passion Christi als Volksschauspiel zu erleben. Dieses sechsstündige Passionsspiel, bei dem nur ortsansässige Laiendarsteller mitwirken dürfen, entstand 1634 als Dank für die Errettung von der Pest. 1889 wurde ein neues Theater für 4000 Besucher eingeweiht. Zur 300-Jahr-Feier 1934 versammelten sich 20 000 Zuschauer, 1990 waren es 460 000.

*Seiten 158/159:* 1936 fanden in Garmisch-Partenkirchen am Fuß der Zugspitze die Olympischen Winterspiele statt. Im Eiskunstpaarlaufen triumphierte das englische Paar Violet und Leslie Cliff.

Lindau ~ Hafen

DA IST DIE URALTE REICHS- UND BISCHOFSSTADT KONSTANZ. Man muß sich ihr mit dem Schiff am frühen Morgen nähern, wenn wie hinter Schleiern die schlanke Pyramide des Münsters über dem breiten Turmsockel aufsteigt, davor der düstre Kasten des Konzilgebäudes mit seinem schweren, schwarzen Dach. Und nebenan das zwischen alten Parkbäumen seewärts blickende Inselhotel, das fünfeinhalb Jahrhunderte lang Dominikanerkloster war und dessen wohlerhaltener Kreuzgang, dessen Refektorien und Dormitorien heute, ohne gar zu peinlichen Bruch mit der frommen Tradition, für die Kultur und den Komfort eines modernen Luxushotels mit Spielkasino nutzbar gemacht sind. Das ist typisch für diese munterste und weltoffenste Stadt am See, die zugleich mit ihren Türmen und Toren, ihren winkligen, schmalen Gassen und hochgiebligen Patrizierhäusern, den stillen Domherrenhöfen und säkularisierten Klöstern das Bild einer mittelalterlichen, vorwiegend gotischen Stadt sich rein erhalten hat.

*Hermann Missenharter, 1954*

BODENSEE

Lindaus Altstadt liegt auf einer Insel im östlichen Teil des Bodensees, die durch einen Eisenbahndamm und eine Straßenbrücke mit den Stadtteilen auf dem Festland verbunden ist. 1805 fiel die alte Reichsstadt an Bayern. Reisende, die mit dem Schiff ankommen, werden im Hafen von einem 33 Meter hohen Leuchtturm empfangen, dem Mangturm, der schon um 1200 als Leuchtturm diente, und von dem mächtigen, 1856 errichteten Löwendenkmal. Der Löwe ist Bayerns Wappentier.
*Links:* Andenkenalbum mit Ansichten von Lindau.
*Rechts oben:* Konstanz am Westufer des Bodensees spielte im Mittelalter zeitweise eine wichtige Rolle; so war die alte Reichsstadt von 1414 bis 1418 Tagungsort des 16. ökumenischen Konzils (Konstanzer Konzil). Dem Stadtpanorama, das sich den Schiffsreisenden bietet, geben die Kirchtürme ein markantes Profil – ebenso wie das weitläufige Gebäude des Inselhotels, das aus einem ehemaligen Dominikanerkloster von 1236 hervorgegangen ist. Es war im Besitz der Grafen von Zeppelin. Ferdinand Graf von Zeppelin, der Konstrukteur der gleichnamigen Luftschiffe, wurde

hier 1838 geboren. Er gab auch jene Fresken in Auftrag, die den Hotelgast in die Lokalgeschichte einführen *(rechts unten).*
*Seiten 162/163:* Die Hafenanlage von Lindau.

# Rennsteig, Wartburg und Brocken:der Harz und Thüringen

Auf der Bahnstrecke Frankfurt–Berlin, südwestlich von Kassel, folgt eine Abzweigung dem Tal der Eder bis nach Bad Wildungen, einem von Wäldern umgebenen Thermalbad. *Rechts:* Kurgäste vor dem Pavillon der Georg-Victor-Quelle, der wichtigsten der drei Quellen, um 1880. *Unten:* Ansichten von Weimar auf einer Postkarte von 1899: das reizende Lustschloss Belvedere im Süden der Stadt, in dem Goethe 1789 seinen *Tasso* vollendete, und sein Gartenhaus im Park an der Ilm; darunter das Goethe-Schiller-Denkmal von 1852. *Seiten 166/167:* Der Thüringer Wald von der Wartburg bei Eisenach aus (Herbst 2003). Auf die Dichter des Sturm und Drang und der Romantik übte der Wald eine besondere Faszination aus, und noch 1861 schrieb Wilhelm Heinrich von Riehl: »Ein Dorf ohne Wald ist wie eine Stadt ohne historische Gebäude, ohne Theater, ohne Kunstgalerien.«

Begeben wir uns, von Mainz nach Frankfurt, mit Victor Hugo auf den »reizenden Schienenweg, der bisweilen am Main entlang, dann durch eine grüne, fruchtbare und weite Ebene führt, ohne Viadukte, ohne Tunnel, ohne Schotter und Aufschüttung, lediglich einfache Holzbohlen unter den Schienen; Apfelbäume werfen ihren schützenden Schatten ... und wie von unsichtbarer Hand vorgeführt, ziehen Obstgärten, Blumengärten und bebaute Felder vorbei ...«

An einem der »rosafarbenen, himmelblauen und grünlichen Häuser«, die Alexandre Dumas in Frankfurt erblickte, dem Goethehaus, wird 1845 eine Gedenktafel angebracht: Hier schuf der Enkel des Bürgermeisters seinen Götz mit der eisernen Faust, den Haudegen und Beschützer der Unterdrückten, und seine anderen Rebellen, »die den Göttern die Stirn bieten«, wie Faust und Prometheus; hier hat der junge Werther gelitten.

Sein Leiden war indes von kurzer Dauer, denn bald berief der junge Herzog Karl August von Sachsen-Weimar ihn an seinen Hof. Aber zwischen der Romantik einerseits und dem Klassizismus andererseits, der dort, wo die Unstrut zwischen bewaldeten Abhängen und durch die Felder der Hochebene fließt, in der Goldenen Aue mit ihren Wiesen und Obstgärten erblühen sollte, liegt der Thüringer Wald, ein schmales, lang gezogenes Bergmassiv, und, wie Tüpfelchen auf dem i, der Harz voller Eisen und Kupfer, die im Kessel der Hexen miteinander verschmelzen.

Auf dem Rennsteig, jenem fast 170 Kilometer langen Höhenweg auf dem Kamm des thüringischen Mittelgebirgszuges, begegnet man unterwegs Studenten auf ihrem Weg

nach Halle oder Jena, Göttingen oder Heidelberg. In Halle – 1694 von Friedrich III. von Brandenburg gegründet – und Göttingen ist jeder vierte Einwohner Student. Kein Wunder, dass der auch unumschränkter König ist, denn dank seiner können die Menschen dort leben, gibt er doch das väterliche Geld für Bier und Geschenke für die hübschen Bürgertöchter aus. Im Gegenzug duldete er keinerlei Einschränkung, und beim geringsten Konflikt mit der Obrigkeit, bei dem Ruf »Burschen heraus!«, verließen die Studenten einmütig die Stadt, bis man sie wohl oder übel zurückrief, nachdem man ihnen ihre Schulden oder Strafen erlassen hatte. Noch 1827 ließ sich die Universität Halle, wie Göttingen vier Jahre zuvor, derart erpressen. Damals war sie bereits der Universität von Wittenberg angeschlossen, wo Luther 1520 symbolisch die Bulle von Papst Leo X. verbrannt hatte, der ihn daraufhin exkommunizierte. Heidelberg erlebte 1830 den Auszug seiner Studenten.

Der Harz, der sich einsam aus der Ebene erhebt, erscheint riesig. Auf der Weiterreise verkündet ein Grenzstein, dass sein höchster Punkt, der Brocken, nur 1142 Meter hoch ist. Dennoch ist er so eindrucksvoll, dass er in der Sagenwelt zum Treffpunkt der Hexen in der Walpurgisnacht erkoren wurde, der Nacht vom 30. April auf den 1. Mai.

Das tiefer gelegene Goslar ist gut erhalten. »Nur die Altertümlichkeiten der Einfassung, nämlich Reste von Mauern, geben der Stadt etwas Pikantes. Einer dieser Türme, der Zwinger genannt, hat so dicke Mauern, dass ganze Ge-

mächer darin ausgehauen sind. Der Platz vor der Stadt, wo der weit berühmte Schützenhof gehalten wird, ist eine schöne, große Wiese, ringsum hohe Berge. Der Markt ist klein, in der Mitte steht ein Springbrunnen, dessen Wasser sich in ein großes Metallbecken ergießt«, berichtet Heine. »Das Rathaus zu Goslar ist eine weiß angestrichene Wachtstube. Das daneben stehende Gildenhaus hat schon ein besseres Ansehen. Ungefähr von der Erde und vom Dach gleich weit entfernt stehen da die Standbilder deutscher Kaiser, räucherig schwarz und zum Teil vergoldet, in der einen Hand das Zepter, in der andern die Weltkugel.«

Zwischen Harz und Lüneburger Heide, in Hildesheim, spazierte Simone de Beauvoir in Begleitung von Jean-Paul Sartre Ende Februar 1934 über den Marktplatz, den große Fachwerkbauten der Zünfte, etwa der Metzger und Weber, einrahmen. Das Zunfthaus der Bäcker wurde nach einem Brand 1825 gleich wieder aufgebaut. »Die alten Häuser von Hildesheim gefielen mir gut mit ihren mattroten Dächern und ihren Speichern, die zwei Drittel der Fassade einnahmen. In den stillen, verlassenen Straßen schien die Zeit stehen geblieben zu sein; ich hatte den Eindruck, durch einen fantastischen Film zu spazieren. Bestimmt tauchte an der nächsten Ecke gleich ein Mann im schwarzen Bratenrock und mit Zylinder auf: Doktor Caligari.« Alle diese Häuser, von den Bomben in Trümmer gelegt, wurden originalgetreu wieder aufgebaut.

30 Kilometer nördlich, »in Hannover, sahen wir im strömenden Regen das Haus von Leibniz«, fährt Simone de Beauvoir fort. »Stattlich, geräumig und sehr hübsch mit

*Oben:* Wanderer auf dem Rennsteig im Winter 1920. Dieser alte Grenzweg auf dem Kamm des thüringischen Mittelgebirgszuges, der von der Saale bis zur Werra reicht, trennt Thüringen von Franken. Er führt oberhalb der Wartburg entlang und am Dreiherrenstein an jenem Grenzstein vorbei, der gleichsam das Dreiländereck zwischen Preußen und den Duodezfürstentümern der Herzöge von Sachsen-Meiningen und Sachsen-Gotha markiert. Die Skiläufer auf dem Bild befinden sich in der Nähe von Oberhof, einem kleinen Holzfällerdorf mit Jagdschloss.

*Rechts:* Touristenbroschüren von 1930 über Goslar und den Harz sowie eine Postkarte vom »Johanneser Kurhaus bei Zellerfeld-am-Harz« aus dem Jahr 1896.

*Oben:* Das Königliche Hoftheater von Hannover, auf dessen oberem Säulengang sich zwölf Statuen von Dichtern und Komponisten befinden. Das kioskartige Gebäude beherbergte die berühmte Konditorei Robby, später das Café Kröpke.
*Rechts:* Friedrich von Schillers Arbeitszimmer in Weimar, in dem er Die *Braut von Messina*, *Wilhelm Tell* und das *Demetrius*-Fragment schrieb und am 9. Mai 1805 starb. Ansicht von 1930.
*Rechte Seite:* Braunschweig, die alte Welfenresidenz, auf einer jener Ansichtskarten um 1900, die mit möglichst vielen kleinformatigen Bildern dem Empfänger einen Eindruck vom Reiseziel zu vermitteln versuchten.

seinen Butzenscheiben.« Die Residenzstadt der Kurfürsten von Hannover, die auf den englischen Thron gerufen werden sollten, hatte sich dank der Eisenbahn entwickelt, lag sie doch günstig zwischen Dortmund und Berlin, zwischen Hamburg und Frankfurt. So löste sie nach dem Zweiten Weltkrieg Leipzig als Messestadt ab.

Auf der Fahrt von Halle nach Weimar sieht Nerval im verblassenden Tageslicht »kleine Wäldchen, endlos weite Wiesen und unvergleichlich saftiges Grün vorüberziehen. Die weißen und roten Sauerampferblüten bilden Farbtupfer in all dem Grün, wie von Rubens gemalt. Die Landschaft gleicht einer jungen, zarten Frau, sanft, ein wenig traurig, mit leuchtenden Wangen und Augen, die sich allzu leicht mit Tränen füllen.«

In Weimar war Goethe Schiller begegnet, der aus der Armee von Herzog Karl Eugen von Württemberg und Schloss Solitude geflohen war. Daraus entstanden zwölf Jahre Freundschaft und gemeinsame Werke, bis Schiller, der Jüngere von beiden, 1805 starb. Herzog Karl August, der Goethe 1775 an seinen Hof berief, wollte zwischen den Gräbern von Goethe und Schiller zur letzten Ruhe gebettet werden. »Er sah stürmische Zeiten voraus, und indem er auf das wappengeschmückte Grabdenkmal seiner kaiserlichen Ahnen verzichtete, fand er sich besser zwischen den beiden Freunden aufgehoben, deren Ruhm auch den seinen mehrte und ihn für immer vor dem Vergessen bewahrt«, schreibt der *Faust*-Übersetzer Nerval.

Anschließend fährt er nach Eisenach, in die Geburtsstadt von Johann Sebastian Bach. Dort steigt er zur Wartburg hinauf, »zweifach berühmt durch die alten Sänger- und Dichterwettstreite der Minnesänger und den Aufenthalt Luthers, der dort Zuflucht fand«. Er sieht dort Luthers Zimmer, nicht aber den Teufel, der sich, »eingeschüchtert von der Boshaftigkeit der neuzeitlichen Geister, in der heutigen Zeit nicht mehr zu zeigen wagt«.

In Worms läuft gerade die Ausschreibung für das Luther-Denkmal, als die Brüder Goncourt in Frankfurt eintreffen, wo »jene bei uns selten gewordene Rokokoarchitektur beginnt, die in ganz Deutschland so hoch entwickelt, so verbreitet, so übermächtig ist, dass man beinahe glauben könnte, all diese Städte seien unter Ludwig XV. erbaut worden«.

Wie zu Zeiten Ludwigs XV. geht der Maler Gustave Courbet dank einer sechsmonatigen Einladung der dortigen Akademie in den Eichen- und Buchenwäldern des Spessart auf Jagd; sie liegen zwischen Main und Sinn und gehören zu den schönsten Deutschlands. »Vorgestern wurden 270 Hasen geschossen. Am Neujahrstag habe ich einen kapitalen Hirsch erlegt, einen Zwölfender, das heißt, einen dreizehn Jahre alten Hirsch. Den größten, der seit 25 Jahren in Deutschland geschossen wurde.« Der Großherzog von Hessen-Darmstadt hätte bestimmt viel dafür gegeben, wenn diese Großtat nicht stattgefunden hätte.

Kassel liegt wie Halle auf der Strecke Frankfurt–Berlin, die bis St. Petersburg reicht, doch Touristen verirren sich nur selten hierher. Die Brüder Goncourt, die am 5. September 1860 im Hotel Römischer Kaiser absteigen, vernehmen von den Touristikunternehmern bittere Klagen: Der Kurfüst von Hessen hat sich zum Heiraten eine zweitklassige Prinzessin gekauft – das sind die Worte, die sie gebrauchen –, der die hohen Persönlichkeiten, die vorbeikommen, wohl kaum ihre Aufwartung machen werden; folglich »gibt es nur noch Sonnenuntergänge statt Besucher«. Es reicht eben nicht, mit königlichen Gärten aufzuwarten, in denen sich treppenförmige Kaskaden bis zu einem gewaltigen Postament unter den Füßen eines überdimensionalen Herkules ergießen, man muss auch den dynastischen Verpflichtungen nachkommen. Noblesse oblige ...

DIE GEOGRAPHISCH GÜNSTIGE LAGE FRANKFURTS wurde bald auch Anlaß für die Entwicklung eines reichen Markt- und Messelebens. Schon im 13. Jahrhundert fand alljährlich im Anschluß an das Fest des heiligen Bartholomäus eine Messe statt. 1240 sicherte Kaiser Friedrich II. allen Messebesuchern seinen Schutz zu ... Von 1500 an konnte man von Frankfurt als dem Zentralplatz des Buchhandels sprechen ... Die Buchmesse fand zusammen mit der allgemeinen Messe statt, Verleger aus Straßburg, Wien, Köln, Antwerpen, Genf und Basel stellten ihre Bücher in Frankfurt aus. Wegen der Gefährdung beim Transport (die Bücher kamen in Fässern verladen) legten einige Verleger in Frankfurt Lager an. Als sich dann noch Buchdrucker, Gelehrte und Künstler in Frankfurt niederließen, entwickelte sich die Stadt zu einem intellektuellen Zentrum.

*Iring Fetscher, 1991*

*Oben:* Der Frankfurter Hauptbahnhof, 1888 eröffnet, war einer jener gründerzeitlichen Großbauten, die die Infrastruktur des Industriezeitalters sichern halfen und dabei bautechnischen Fortschritt mit historisierenden Architekturstilen und Dekorationselementen verknüpften. Weit gespannte Eisenträger überwölben die drei Bahnsteighallen des Kopfbahnhofs. Den Giebel der Sandsteinfassade krönt eine Weltkugel, gestützt von Atlas, dem mythischen Dulder, der die Last der Welt trägt. Statuen als Symbole für Dampf und Elektrizität erweitern diese Allegorie ins industrielle Zeitalter.

*Rechts:* In neu erblühter Pseudo-Renaissance der Wartesaal der ersten und zweiten Klasse mit Blick in den Speisesaal.
*Seiten 174/175:* Das 1200 Jahre alte Frankfurt am Main: einst Wahlort und seit 1526 auch Krönungsort der deutschen Könige, Freie Reichsstadt, Messestadt, Freie Stadt, Sitz des Deutschen Bundestages im Deutschen Bund, Ort der deutschen Nationalversammlung. Der Weg vom Sachsenhäuser Ufer in die Innenstadt führt über eine Fußgängerbrücke, den Eisernen Steg. Rechts der Kaiserdom, links die Katharinenkirche. Aufnahme Ende des 19. Jahrhunderts.
*Seiten 178/179:* Die riesige Bahnsteighalle des Hauptbahnhofs, die man nur selten so menschenleer zu sehen bekommt wie am frühen Morgen.
*Faksimile:* Broschüre des Hotels Frankfurter Hof, um 1900.

SANIN WAR SOEBEN ZWEIUNDZWANZIG JAHRE ALT GEWORDEN und befand sich in Frankfurt ... Er hatte noch viel Zeit vor sich. Das Wetter war zum Glück herrlich. Nachdem Sanin in dem damals berühmten Gasthaus »Zum weißen Schwan« zu Mittag gegessen hatte, schlenderte er in der Stadt umher. Er ging, um die *Ariadne* von Dannecker zu sehen, welche ihm nicht sonderlich gefiel, besuchte das Haus Goethes – von dessen Werken er übrigens nur den *Werther*, und zwar in französischer Übersetzung, gelesen hatte –, machte einen Spaziergang am Mainufer... Gegen sechs Uhr abends endlich befand er sich, ermüdet und mit bestaubten Füßen, in einem der allerunbedeutendsten Gäßchen Frankfurts. Diese Straße blieb ihm lange nachher im Gedächtnis.

*Iwan Turgenjew, 1872*

*Links:* Die Kaiserstraße, die Verbindung zwischen Hauptbahnhof und Innenstadt, aufgenommen zu Beginn des 20. Jahrhunderts. Schon wenige Jahre nach Eröffnung des Bahnhofs 1888 war aus dem Brachland ein Boulevard mit repräsentativen Hotels und Wohnhäusern geworden, für die prominente Architekten wie Paul Wallot zur Verfügung standen, der Erbauer des Reichstags in Berlin. – Vignette des Hotels Excelsior.
*Oben:* Das Hotel Frankfurter Hof am Kaiserplatz, eines der ersten Häuser am Platz (1890). Der Glanz der Repräsentation war Ausdruck einer Wirtschaftskraft, die durch den Verlust der Eigenständigkeit als Freie Stadt und die Eingliederung in die preußische Provinz Hessen-Nassau nicht geschmälert wurde. Frankfurt nahm am gründerzeitlichen Aufschwung nach 1871 kräftig teil. 1875 erlebten die Fremden eine Stadt mit 100 000 Einwohnern. 1900, nur 25 Jahre später, war sie auf knapp 300 000 Einwohner angewachsen.
*Rechts:* Leporello mit Frankfurter Stadtansichten um 1910.

181

EINER DER MALERISCHSTEN WINKEL IN FRANKFURT AM MAIN ist die alte Straße der Juden – die Judengasse, wie sie genannt wird –, mit ihren mittelalterlichen Häusern, den in staubigen Strohlehm eingepaßten Balken, den Gucklöchern und Sprechgittern, den schuppenförmigen Schindeldächern, ihren bräunlichen Farbtönen, ihrem seltsamen Aussehen, alles wie gemacht für einen Maler. Bisweilen öffnet sich ein Flügel der kleinen Dachfenster, eine Hand erscheint, dann ein neugieriges Gesicht ... Irgendein hübsches Mädchen mit großen Samtaugen, den Augen einer Orientalin ... Dort steht noch immer die Wiege der Familie Rothschild. In diesen alten Gemäuern lebte und starb die Mutter aller Rothschilds, die Millionärin gewordene Großmutter wollte die Wohnung, in der ihre Söhne geboren wurden, nie verlassen, und, ihrer düsteren Judengasse treu bleibend, lebte sie dort, bis sie im Jahr 1849 ihren letzten Seufzer tat.

*Jules Clarétie, um 1870*

*Oben:* Der Römer mit dem Kaisersaal hinter dem steinernen Balkon (1910). Dies war das Herz der Stadt. Hier feierte das Volk bei den Krönungsfeierlichkeiten der Kaiser des Heiligen Römischen Reichs. Victor Hugo erteilte seinen Lesern Geschichtsunterricht, als er schrieb: »In dem Augenblick, da der Kaiser erschien, erschallten die Trompeten und Zimbeln, und der Erzmarschall des Heiligen Römischen Reichs und die Garde der hohen Würdenträger hielt auf dem Platz Einzug. Inmitten der Hochrufe und Fanfaren ritt der Erzmarschall durch einen Berg von Hafer, der bis zum Sattelriemen reichte; der kaiserliche Mundschenk füllte den karmesinroten Pokal mit Wein und Wasser; der Schatzkanzler schöpfte aus einem Gefäß Geldstücke und warf sie mit vollen Händen unters Volk ...«

*Rechts:* Blick in die mittelalterlich geprägte Altstadt mit ihren engen, verwinkelten Gassen. Hier schien die Zeit stehen geblieben zu sein – scheinbar eine Spitzweg-Idylle, die freilich darüber hinwegtäuscht, dass das Leben in diesen Häusern reichlich unkomfortabel war. Was Touristen durchaus als farbige Kulisse erscheinen mochte, war jahrhundertealte Architektur ohne die technischen Errungenschaften einer neuen Wohnkultur.

VON DEM SCHLOSS AUS ... zieht sich eine breite Terrassenanlage zur Höhe des Bergs hinan, auf dessen Gipfel ein steinernes Oktogon errichtet ist, das die berühmte Pyramide mit der Kolossalfigur des Kasseler Herkules trägt. Die gesamte Anlage der Kasseler Wasserkünste ist die größte in Europa und wurde von dem italienischen Baumeister Gueriniero im Auftrag des Landgrafen Karl am Anfang des 18. Jahrhunderts errichtet ... Wenn die Kaskaden von Treppe zu Treppe rauschen und die gewaltigen, in grauen Tuffstein gefaßten Bassins füllen, wenn die Fontänen hochschießen und es in den Grotten rauscht, dann ergibt sich aus dem Zusammenklang von Wasser, Stein und hohen Parkbäumen ein unerhört prächtiges Schauspiel.

*Karl Korn, 1954*

dreigliedrigen Schlosses anstelle eines ehemaligen Augustinerklosters. Dazwischen lag der Ausbau eines englischen Parks mit künstlichen Grotten, einer nachgebildeten Cestius-Pyramide, Eremitage, Wasserfällen, Wasserspielen, Teichen, dem Bau der neogotischen Löwenburg und der hochmodernen Eisenkonstruktion eines Gewächshauses.
*Rechts:* Blick auf das Oktogon mit dem Herkules, die Kaskadenanlage und eine Grotte im Vordergrund.
*Oben:* Das Schloss um 1930.
*Links:* Ansichtskarte von 1897.
*Seiten 184/185:* Impressionen von einer Parklandschaft, die immer wieder durch neue Gestaltungsmerkmale überrascht.

So wechselvoll Kassels Geschichte im 19. Jahrhundert auch gewesen sein mag, der Herkules thront wie ein Symbol herrscherlichen Absolutheitsanspruchs über der Stadt. Und doch ist er nur weithin sichtbares Zeichen einer Parklandschaft, die zu den großartigsten Beispielen einer Symbiose von Landschaftsgestaltung und Architektur in Europa zählt. Von 1700 bis 1829 war die Wilhelmshöhe eine Baustelle, auf der Generationen von Architekten und Landschaftsgärtnern ihre Vorstellungen von einer komponierten Parklandschaft verwirklichten. Es begann mit dem riesigen, dreigeschossigen Oktogon, auf dessen Turmspitze die Kolossalstatue eines Herkules steht, und einer Kaskadenanlage mit 200 Meter Gefälle; es endete 1829 mit dem Neubau des

DIE KLEINE PROVINZSTADT, die ich im Einverständnis mit meinem Vater für das nächste Semester gewählt, lag in Mitteldeutschland. Ihr weiter akademischer Ruhm stand in krassem Mißverhältnis zu dem dünnen Häufchen von Häusern, die das Universitätsgebäude umlagerten. Ich hatte nicht viel Mühe, vom Bahnhof, wo ich vorerst mein Gepäck ließ, zur Alma mater mich durchzufragen, und auch innerhalb des altertümlich weitläufigen Hauses spürte ich sofort, um wieviel rascher der innere Kreis sich hier zusammenschloß als in jenem Berliner Taubenschlag.

*Stefan Zweig, 1927*

*Oben:* Eine Mühle an der Leine (aufgenommen um 1950).
*Rechts:* Skulptur der Gänsemagd in Göttingen, für die das gleichnamige Märchen der Brüder Jacob und Wilhelm Grimm Pate gestanden hat. Sieben Jahre lebten die beiden Brüder in Göttingen, bevor sie wegen ihres Protests gegen die Aufhebung des Staatsgrundgesetzes des Königreichs Hannover zusammen mit fünf weiteren Professoren aus Göttingen ausgewiesen wurden. Dieser Auszug

der »Göttinger Sieben« versetzte dem politischen Liberalismus zwar einen schweren Schlag, doch gelang es der 1736 gegründeten Georg-August-Universität, ihren Ruf als eine europäische Hochburg der Wissenschaften zu festigen und auszubauen.
*Seiten 190/191:* Hildesheim um 1890. Der reiche Bestand an Fachwerkhäusern wurde im Zweiten Weltkrieg weitgehend zerstört. Ebenso der Dom St. Maria, der in seiner romanischen Struktur wieder aufgebaut und in seiner »Neufassung« zum Weltkulturerbe erklärt wurde.

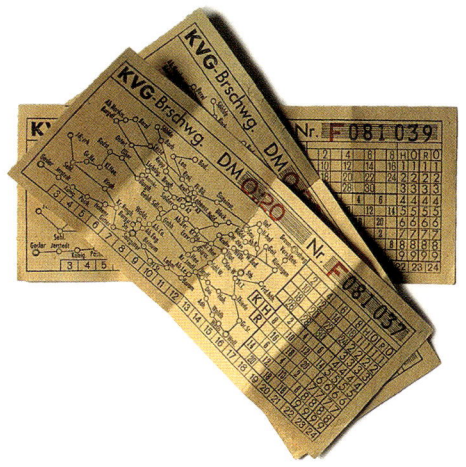

EIN KOLOSSAL HOHER BUCHENWALD, EIN »DEUTSCHER WALD«, dachte Julien sogleich, fast sprachlos angesichts des riesigen grünen Heiligtums. Welcher Kult wird hier zelebriert? Auf dem Altar welcher Nachtgötter? Das Gezwitscher der Vögel, ihr Trillern, ihr Gurren, ihre perlenden, strahlenden Töne hoch oben in den Baumwipfeln dringen von so weit her an unser Ohr, nur um uns an das Vorhandensein einer vergessenen, unwirklichen oder geträumten Welt zu erinnern und uns um so mehr der magischen Realität des Halbdunkels zu überlassen, in das wir eintreten. Stille. Tiefe, unbewegte Stille. Gunther hat eine Hand auf Juliens Schulter gelegt. Beide verharren in Schweigen. Ihre gleichmäßigen Schritte werden von der dichten Schicht welken Laubs gedämpft.

*Maurice Genevoix, 1978*

HARZ

Der Harz, der Gebirgszug Deutschlands vor der Norddeutschen Tiefebene, hat mit seiner dichten Bewaldung und seinen tiefen Tälern das Reisen von jeher zu einem Naturerlebnis besonderer Art werden lassen, auch wenn nicht jeder Wanderer über die Imaginationskraft eines Heinrich Heine verfügte: »Unendlich selig ist das Gefühl, wenn die Erscheinungswelt mit unserer Gemütswelt zusammenrinnt, und grüne Bäume, Gedanken, Vögelgesang, Wehmut, Himmelsbläue, Erinnerung und Kräuterduft sich in süßen Arabesken verschlingen.« Auf dem Brocken hingegen, der höchsten Erhebung des Harzes, pfeifen nicht nur die rauen Winde aus der Tiefebene, sondern es stöhnen auch die Spukgestalten der Volkssagen, vor allem in der Walpurgisnacht, wenn sich der Brocken in den Blocksberg verwandelt und die Hexen ihren Teufelskult treiben.

*Oben:* Die Brockenbahn 1885.
*Links:* Alte Omnibusfahrkarten von Braunschweig.
*Rechts:* In den Wäldern des Harzes.
*Faksimile:* Prospekt für die Wernigeroder Eisenbahn, um 1930.

Und jetzt erscheint am Rande der Ebene eine blaue Wand, die, wenn man näher kommt, höher heraufsteigt und sich heller und dunkler gliedert: der Harz, das Geistergebirge, das mit steilen Wänden, dunklen Wäldern und grünen Tälern sich aus dem flachen Lande erhebt ... Von den Städten, die am Rande des Harzes liegen, ist die schönste und ehrwürdigste zweifellos Goslar, die alte Reichs- und Kaiserstadt ... Um den Marktplatz stehen unversehrt die prunkenden Häuser der reichen Bürger und der stolzen Gilden, und ein besonderes Sternchen trägt das »Brusttuch«, ein Fachwerkhaus von 1504, reich und übermütig mit Schnitzwerk verziert. Und auf dem Marktplatz steht noch immer der romanische Brunnen mit dem kaiserlichen Vogel, Kreuzung aus Adler und Hahn.

*Hans-Egon Gerlach, 1954*

Name). Der Aufbau des Erkers stammt aus späterer Zeit.
*Seiten 194/195:* Die Goslarer Kaiserpfalz (1910), ein beeindruckendes Zeugnis mittelalterlicher Repräsentationsarchitektur, auch wenn sich in den Restaurierungen von 1869–1878 der Historismus der Bismarck'schen Reichsgründungszeit dazwischendrängt. Dass in der Epoche des »Reisekaisertums« Goslar zeitweise als eine Art »Reichshauptstadt« fungierte, belegen die über hundert Reichstage bis zur Mitte des 13. Jahrhunderts. Dem Reichs- und Kaisersaal kam in seinen Ausmaßen keine andere Kaiserpfalz gleich.

*Oben:* Der Marktplatz von Goslar mit seinem spätgotischen Rathaus (1927); im Vordergrund der romanische Brunnen mit zwei Bronzeschalen und dem im 13. Jahrhundert hinzugefügten Reichsadler als Zeichen der Reichsfreiheit; links die Kaiserworth, errichtet 1494 für die Gilde der Gewandschneider, daneben die Rathausapotheke.
*Rechts:* Detailansicht des Gildehauses Kaiserworth. In schmalen spätgotischen Nischen stehen barocke Kaiserfiguren (daher der

NICHTS IN DIESEM KLEINEN MARKTFLECKEN mit seinen 5000 Seelen schien im 18. Jahrhundert auf dessen außergewöhnliche geistige Bestimmung hinzudeuten. Die Einwohner kannten nur zwei Betätigungen am Tag: Jeden Morgen wurden die Kühe von den Hirten der Gemeinde auf die Weide geführt und am Abend wieder zurückgebracht ... Man lebte in einer Erstarrung, die weder durch Handel noch durch Industrie oder politische Aktivität getrübt wurde, denn die Stadt lag abseits der Straße, die von Frankfurt nach Leipzig führt. Einige Häuser, eingezwängt in eine von vier Türmen flankierte Stadtmauer, werden vom herzoglichen Schloß überragt ... Dennoch erfaßte diesen Ort auf mysteriöse Weise eine geistige Strömung, wurde er doch innerhalb eines Jahrhunderts von den beiden größten Schöpfern deutscher Kultur und westlicher Zivilisation auserkoren, Johann Sebastian Bach und Goethe.

*Michel Tournier, 1995*

W E I M A R

Seit Goethe war das unscheinbare Residenzstädtchen des Herzogtums Sachsen-Weimar eine Reise wert. Felix Mendelssohn nannte den alten Herrn in jugendlicher Begeisterung denn auch »die Sonne von Weimar«. Was Wunder, dass diese Sonne viele Trabanten umschwirrten, in der Hoffnung auf eine Audienz. Und es waren gewiss nicht nur die Intellektuellen Europas, die am Frauenplan ihre Karte abgaben ...
Doch Weimar wurde nicht nur ein Synonym für Goethe – über den Heine in tiefster Bewunderung und nicht ohne Pathos schrieb: »Die Natur wollte wissen, wie sie aussah, und sie erschuf Goethe« –, sondern für die deutsche Klassik insgesamt, für Schiller, ohne dessen Mitwirkung sie nicht zu denken ist, aber auch für Wieland und Herder.
*Links:* Goethes Sterbezimmer (1927).

*Oben:* Ein Goethe-Porträt von Joseph Karl Stieler aus dem Jahr 1828. Daneben Schillers Haus in Weimar, das er 1802 bezog und wo er 1805 starb. In diesen Jahren hatten die beiden Dichter den engsten Kontakt, sahen sich fast täglich, sofern nicht der reisefreudige Goethe außer Haus war. Aus einem thüringischen Andenkenalbum von 1920.

Bei Eisenach auf der Wartburg erschien mir zuerst die hohe Jungfrauengestalt der vaterländischen Natur-schönheit. Dieser Blick in die grüne Taleinsamkeit, in die Unendlichkeit der Eichen- und Buchenwälder, diese schönge-schwungenen hohen Hügel, vom tiefen Fenstersitz oben im alten Zimmer rief mir alle Erinnerungen und Rührungen zurück; ich horchte auf die Legende von der Elisabeth und besuchte ihren Brunnen unten am Berge.

*Ludwig Tieck, 1836*

*Seiten 200/201:* Ansichtskarten in einem Andenkenalbum, geschrieben und abgestempelt zwischen 1895 und 1897, die die Rundreise eines deut-schen Touristen durch Thüringen dokumentieren. Zu sehen sind u. a. Residenzstädte der dortigen Duodez-fürstentümer. Nach 1815 bestand Thüringen aus folgenden Klein-staaten: Sachsen-Weimar-Eisenach, Sachsen-Gotha-Altenburg, Sachsen-Meiningen, Sachsen-Hildburghausen und Sachsen-Coburg-Saalfeld, die von den Ernestinern regiert wurden; Rudolstadt und Sondershausen, beherrscht von den Fürsten von Schwarzburg; Gera, Ebersdorf, Schleiz und Lobenstein, die die kompliziert verzweigte Familie Reuß unter sich aufteilte. Welcher Reisende wollte angesichts solcher fürstlicher Massierung noch begrei-fen, dass er in Thüringen auch noch auf preußische Besitzungen geraten konnte, von En- und Exklaven ganz abgesehen?

*Oben:* Präsentation eines nagelneuen Dixi R 12 vor dem Hotel Thüringer Hof in Eisenach, aufgenommen vor dem Ersten Weltkrieg. Das größte Hotel von Eisenach, hier vor dem Umbau im Jahr 1912, konnte sich rühmen, Leo Tolstoi am 10. April 1861 beher-bergt zu haben.
*Rechts:* Der Marktplatz von Eisenach (1895). Die Pferdedroschken, die Taxis des 19. Jahrhunderts, warten auf Fahrgäste. In dieser Zeit um die Jahrhundertwende verändert sich das Verkehrswesen. Das Pferd, seit Jahr-tausenden das wichtigste Transport-mittel menschlicher Mobilität, verliert allmählich, aber unaufhaltsam an Bedeutung, während das Automobil eine völlig neue Fortbewegungsmög-lichkeit eröffnet. Dies ist nach der Erfindung der Dampfeisenbahn die zweite große technische Revolution im Reise- und Transportverkehr, die die Welt entscheidend verändern wird.

WIE EIN SELTSAMES SPIEGELBILD AUS FERNER GESCHICHTE ragt unweit Weimar schon über der jungen Werra eine Burg auf, in der im 13. Jahrhundert ein Thüringer Fürst ... um sich einen Musenhof sammelte, der an Glanz und Größe der Namen dem Klassischen von Weimar nichts nachgab. Es ist die Wartburg, auf die der Landgraf Hermann die großen Dichter und Sänger der Zeit des zweiten Friedrich von Hohenstaufen zu sich lud, Wolfram von Eschenbach, den Dichter des Parzival, und all die Männer des Minnesangs, von Walther von der Vogelweide bis zum Tannhäuser ... Durch die Straßen Eisenachs am Fuß der Wartburg wanderte die Gestalt des Knaben Luther, der dort singend mit den Kurrendejungen durch die Gassen zog: er war nicht sehr weit nördlich von der Vaterstadt Johann Sebastian Bachs im Mansfeldischen unweit vom Kyffhäuser geboren und hat später als Junker Jörg auf derselben Wartburg, auf der Wolfram so oft Gast gewesen war, mit dem Tintenfaß nach dem Teufel geworfen, der ihm versuchend in der Einsamkeit da oben erschien.

*Paul Fechter, 1954*

WARTBURG

*Rechts:* Die Wartburg hoch über Eisenach, um 1067 erbaut, war Sitz der Landgrafen von Thüringen. Als hier 1817 das so genannte Wartburgfest stattfand, ein Höhepunkt der studentischen Reformbewegung gegen den wiedererstarkenden Absolutismusanspruch des reaktionären Fürstentums, war die Burganlage weitgehend dem Verfall preisgegeben. Zwischen 1839 und 1890 wurde sie im Sinne der Romantik restauriert, wovon auch die Fresken Moritz von Schwinds im zweiten Geschoss zeugen. Als Zentrum höfischer Kultur genoss die Wartburg im 13. Jahrhundert weithin Beachtung. Der berühmte Sängerkrieg, zu dem sich Wolfram von Eschenbach, Walther von der Vogelweide und Heinrich von Veldeke um 1206/07 u. a. zur Pflege höfischer Dichtkunst versammelten, dürfte in den Festsälen des Palas stattgefunden haben. Richard Wagner hat in seiner romantischen Oper *Tannhäuser* dieses Ereignis verarbeitet und es mit der heiliggesprochenen Landgräfin Elisabeth in Verbindung gebracht, die von 1211 bis 1227 auf

der Wartburg lebte. Ein nicht minder prominenter Burgbewohner war Martin Luther, der sich nach dem Bannspruch des Wormser Reichstags auf der Wartburg 1521/22 verborgen hielt und hier als »Junker Jörg« das Neue Testament ins Deutsche übersetzte. *Links:* Detailansicht im Burghof.

# Von Berlin nach Dresden und in die Sächsische Schweiz

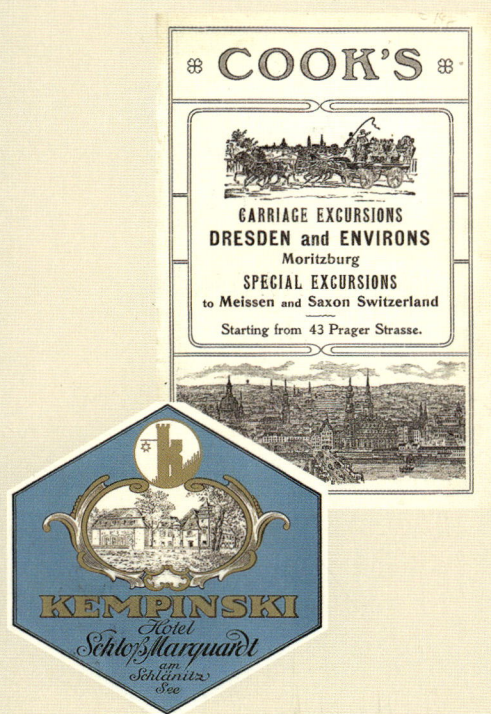

Heinrich Heine ist gerade 22 Jahre alt, als er als neuer Korrespondent des *Rheinisch-Westfälischen Anzeigers* 1821 aus seiner Geburtsstadt Düsseldorf nach Berlin kommt und sich in Nr. 24 Unter den Linden niederlässt. Die Stadt ist eine Baustelle. »Die Bauten unter den Linden, wodurch die Wilhelmstraße verlängert wird, haben raschen Fortgang. Es werden herrliche Säulengänge.« Soeben wurden die Neue Börse eröffnet und die Fundamente zum neuen Hafen gelegt. Der Bildhauer Christian Friedrich Tieck arbeitet am Modell des Standbilds »Der Glaube«, das in einer der beiden Nischen am Domportal aufgestellt werden soll; sein Kollege Christian Rauch bearbeitet die Basreliefs der Statuen für die Neue Wache, die der Architekt Karl Friedrich Schinkel als dorischen Tempel konzipiert hat. In den Cafés drehen sich die Gespräche um *Meister Floh*, das neue Werk von E. T. A. Hoffmann, das angeblich so viele politische Anspielungen enthält, dass die preußische Regierung es gewiss beschlagnahmen wird. Man spricht über Kleists *Prinz von Homburg*, der nicht aufgeführt werden kann, weil ein Nachkomme der Hauptperson Klage eingereicht hat; über den Besuch von Walter Scotts Sohn; über den jungen Felix Mendelssohn Bartholdy, der ein neuer Mozart zu werden verspricht.

Etwa 40 Jahre später reisen die Brüder Goncourt nach Berlin. Sie empfinden sie als »eine Stadt, in die man wie in Städte ohne Vergangenheit gelangt: emotionslos, ohne Herzklopfen. Klinisch sauberes Zimmer, puritanisch, pietistisch, man sehnt sich nach einem Flecken, einer Wanze, der man sein Blut spenden würde.«

Auch wenn das Zimmer puritanisch ist, trifft für die Stadt eher das Gegenteil zu, wie sie bald feststellen. Sie ist »voller Kellerkneipen, in denen man die Nacht verbringt«, ist, wie Venedig, eine »Stadt der Nacht, eine eingebildete Stadt, eine Traumstadt«. Dort besuchen sie auch den Kroll'schen Wintergarten beim Exerzierplatz, den Eduard Titz kürzlich wieder aufgebaut hat. Seine Säle fassen 5000 Personen für Konzerte, Opern, Theater und Galadiners.

Valery Larbaud, der 1910 in Berlin weilt, ist begeistert. »Voller Wonne atme ich deine fröhliche und kalte, reine und großartige Luft ein an diesem Novemberabend. Das ist also die Luft, die auch er eingeatmet hat, der Prinz mit der vorspringenden Nase unter dem Dreispitz! Nichts hat man an den alten Louis-Quatorze-Palästen verändert. Hier ist alles aus der Zeit des Preußenkönigs ... Käme er eines blauen, rauen Morgens zur Stunde der Parade zurück auf den Opernhausplatz, so fände er die alten klassizistischen Monumente auf ihrem ewigen Platz wieder; ringsum jedoch, wie in Boston, New York, San Francisco und Chicago, breite Straßen bis zum Horizont und riesige Häuser.«

Im Sommer 1923 verlegt der Amerikaner Matthew Josephson wegen des aufkeimenden Faschismus in Italien und des günstigen Wechselkurses in Deutschland seine Avantgarde-Revue *Broom* von Rom nach Berlin. Louis Aragon begleitet ihn. In jenem Sommer »schlendern Russen um die Gedächtniskirche herum wie Fliegen, die um einen Lüster schwirren«, schreibt Viktor Schklowski. Und Maxim Gorki überredet hier Elsa Triolet, mit dem Schreiben zu beginnen. Wladimir Majakowski, Ossip und Lilja Brik, Roman Jakobson besuchen in der Kleiststraße Iwan Pougny, den Organisator der »letzten futuristischen Ausstellung« in Petrograd und Professor an der von Chagall in Witebsk gegründeten Kunstschule.

Natürlich gehört zu jedem Berlin-Besuch auch ein Ausflug nach Potsdam, das sich durch den barocken und später klassizistischen Stil Palladios auszeichnet. Ein Beispiel hierfür ist Schloss Sanssouci, erbaut von Wenzeslaus von Knobelsdorff, dem Lieblingsarchitekten und Freund König Friedrichs II. Dann folgte der Neoklassizismus mit Karl-Gotthard Langhans, der mit großem Raffinement das Marmorpalais gestaltete und ein schmucklos vornehmes Theater baute, und mit Schinkel, dem wir die Nikolaikirche mit ihrer 78 Meter hohen Kuppel verdanken.

80 Kilometer trennen Dessau vom südwestlich gelegenen Park von Wörlitz, und auch in kunstgeschichtlicher Hinsicht ist es ein weiter Weg von den Erkenntnissen der Aufklärung, die »Fürst Franz« nach seiner Rückkehr aus England und Italien ab 1765 im Reich der Gärten umsetzte, bis zu den Lehren des Bauhauses, an das Kandinsky 1922 berufen wird und wo er bis zur Schließung elf Jahre später die Werkstatt für Wandmalerei leitet.

Die *Frankenstein*-Autorin Mary Shelley trifft mit Sohn Percy Ende Juli 1842 in Leipzig ein. Die sechstägige Reise im Wagen aus Kissingen hierher hat sie keine fünf Pfund gekostet. Die Thomasschule, wo die Familie Bach wohnte, steht noch immer neben der Kirche, und auch das Haus in der Hainstraße 17, das während Bauarbeiten in der Schule vorübergehend ihr Zuhause war, gibt es noch. Ebenso das Café von Gottfried Zimmermann in der Katharinenstraße 14. Dort gaben Johann Sebastian Bach und sein Collegium Musicum zwischen 1729 und 1741 an die 600 Konzerte, die vom Schankwirt direkt vergütet wurden – jeden Freitag um acht, während der Messe außerdem jeden Dienstag. Leipzig mit seinen 25 000 Einwohnern war damals die bedeutendste Messestadt Deutschlands.

*Linke Seite:* Josephine Baker kam 1927 für eine Revue und einen Film nach Berlin. Ihre skandalumwitterten Auftritte, bei denen sie nahezu nackt auf der Bühne tanzte, trugen zum Bild der wilden zwanziger Jahre bei. *Links:* Entwurf von Herbert Bayer für die erste Ausgabe der Bauhaus-Zeitschrift (1928). Nachdem Walter Gropius 1919 zum Leiter der Hochschule für bildende Kunst in Weimar berufen worden war, wandelte er sie in das »Staatliche Bauhaus in Weimar« um.

Im Sommer 1842 hat Robert Schumann gerade mit dem Trinken aufgehört, nachdem er sieben Jahre lang täglich im Kaffeebaum anzutreffen war, dem ältesten Ausschank Deutschlands, der seit 1694 ohne Unterbrechung besteht. Und Franz Liszt, jetzt Konzertmeister in Weimar, trifft Richard Wagner, der aus Dresden kommt und sich hier an seine Studentenzeit an der Nikolaischule erinnert.

Von Leipzig nehmen die Shelleys den Zug nach Dresden – die Bahnlinie, eine der ersten Deutschlands, ist seit drei Jahren in Betrieb. Wegen der brütenden Hitze flüchten sie ins zwölf Kilometer entfernte Dorf Altmark. Am Abend sucht Mary auf der Terrasse über der Elbe etwas Abkühlung, aber die Nächte sind ebenso heiß wie die Tage. Sohn Percy nimmt Unterricht im Walzertanzen, um sich auf den Karneval in Florenz vorzubereiten. Und wo ginge dies besser als im »Elbflorenz«?

Die reiselustige Lola Montez, eine echte Abenteuerin und falsche spanische Tänzerin, folgt ihnen auf dem Fuß. Sie war aus Berlin geflohen, wo ihr Pferd bei einer Truppenparade durchgegangen und in die Loge des preußischen und russischen Staatsoberhaupts gestürmt war, worauf sie den Gendarmen, der es mit Gewalt zu bändigen versuchte, mit der Reitpeitsche geschlagen hatte. In Dresden stellt Wagner sie bei einer *Rienzi*-Aufführung in der Loge des Tenors Tichatschek Liszt vor. Das Nachspiel dieser Begegnung findet in einem Zimmer des Hotels Schwan in der Albertstraße statt. Doch eines Morgens im November, als

Lola vom täglichen Spaziergang auf der Brühl'schen Terrasse zurückkehrt, findet sie es leer vor: Liszt ist ausgeflogen. Ihre Irrfahrt, die sie bald nach München führen wird, geht weiter.

20 Jahre später weilen die Brüder Goncourt in den ersten beiden Septemberwochen in Dresden. Im Nordflügel des königlichen Schlosses bewundern sie »das berühmte grüne Gewölbe, die Juwelen, die einem wie eine Münze Gottes erscheinen, die in einem Augenblick der Gefahr in der Erde versteckt wurde, die Colliers, das Goldgeschirr, die barocken Perlen ...« – acht Säle mit wertvollen Kunstgegenständen. Von dort aus führt sie ihr Weg – über den schönsten Abschnitt der schiffbaren Elbe, von Dresden nach Bodenbach (heute an der Grenze) – in die Sächsische Schweiz, diese Gebirgsregion mit engen Schluchten und bizarren Felsformationen.

»Es ist eine lange, gewundene Schlucht«, schreibt Hippolyte Taine im Sommer 1870, »dreißig bis vierzig Fuß breit, zwischen gewaltigen senkrechten Sandsteinblöcken, die sich zu Pfeilern und Dämmen auftürmen. Je weiter man vordringt, desto dichter wird der Blaubeerteppich, desto mehr lässt die allseitige Feuchtigkeit grüne Pflanzen und zarte, frische Blumen sprießen, je bemooster die riesigen, hohen Felswände sind, desto mehr verengt sich das Tal zu einem Korridor.«

*Oben:* Das Café Belvedere in Dresden, ganz am Ende der Brühl'schen Terrasse. Die Terrasse war schon damals die Flaniermeile der Stadt und der Treffpunkt der Reisenden, was ihr den Beinamen »Balkon Europas« einbrachte. Von hier hatte man den schönsten Blick auf die Stadt und den Fluss. Im Hintergrund ist die Hofkirche zu sehen und ganz rechts die Semperoper.
*Mitte:* Werbung für die Brauerei Winkelkrug (1910) auf dem Meiße-
ner Schlossberg. Im Schloss Albrechtsburg hatte August der Starke 1710 Europas erste Porzellanmanufaktur einrichten lassen.
*Rechts:* 1900 in der Sächsischen Schweiz; eine Touristengruppe in der neu angelegten Amselschlucht.

SOBALD ICH ... HINAUSTRAT IN DIE STRASSEN DER STADT, jenes Berlin von damals, das, ganz überrascht von seinem eigenen Wachstum, strotzend von einer allzu plötzlich aufgeschossenen Männlichkeit, aus allen Steinen und Straßen Elektrizität versprühte und ein hitzig pulsierendes Tempo jedem unwiderstehlich aufnötigte ... beide, die Stadt und ich junger ausfahrender Bursche, vibrierten wir wie ein Dynamo von Unruhe und Ungeduld.

*Stefan Zweig, 1927*

*Oben:* Die Berliner Gewerbe-Ausstellung 1896 war die bis dahin größte Leistungsschau der deutschen Industrie und das Ereignis des Jahres in der Hauptstadt. Wilhelm II. hatte sie von Bord seiner Yacht *Alexandra* auf der Spree aus eröffnet. Vom 1. Mai bis zum 15. Oktober kamen 7,5 Millionen Besucher, 41 000 pro Tag. Die Ansichtskarte zeigt das Hauptgebäu-

de der Ausstellung im Treptower Park im Südosten Berlins, einen Marinesoldaten als Symbol für die deutschen Kolonien sowie Modelle von Kriegsschiffen, mit denen in einer großen Schau Seeschlachten nachgestellt werden.
*Unten:* Fahrgäste auf einem Prototyp der ersten elektrischen Straßenbahn.
*Rechts:* Das Restaurant der »Hoflieferanten« Lorenz Adlon und Rudolf Dressel, das größte im Park, verfügte über 22 000 Tischplätze.
*Seiten 214/215:* Die Pagen verschiedener großer Berliner Hotels erwarten aufgereiht die Ankunft illustrer Gäste am Bahnhof, um 1900.

Das Brandenburger Tor ist wohl das älteste Wahrzeichen Berlins und deshalb natürlich auch mit einem Sternchen im Baedeker versehen. Auch der Fortschritt ist nicht spurlos am »großartigsten Abschluß der Linden« vorübergegangen: er hat das Tor mit Gaslaternen verschandelt. Aber es sollen sich ja die Fahrzeuge auch bei glitschigem Schneematsch durch die vier engen Durchgänge schlängeln, ohne anzuecken. Carl Gotthard Langhans, der von 1733 und 1808 lebte, trifft kein Vorwurf: er konnte nicht ahnen, daß sein Bauwerk hundert Jahre später schon ein Engpaß für den reichshauptstädtischen Verkehr bildet, zumal er den mittleren Torweg vorsorglich breiter angelegt hatte. Doch den hat Seine Majestät ausschließlich für sich, die kaiserliche Familie und dero Gäste reserviert.

*Friedrich Wilhelm Lehmann, 1900*

*Oben:* Der Reichstag im Jahr 1924. Bevor der Bau des Architekten Paul Wallot 1894 eröffnet werden konnte, hatten die Abgeordneten 23 Jahre lang in verschiedenen Provisorien tagen müssen.
*Unten:* Reklame für Einlegesohlen in den 20er Jahren.

*Rechts:* Der amerikanische Schriftsteller und Nobelpreisträger Sinclair Lewis mit seiner Frau vor dem Brandenburger Tor. Am 22. Dezember 1930 traf das Ehepaar in Berlin ein und stieg im Hotel Adlon ab.
*Seiten 218/219:* Eine Gruppe von 110 Studenten von 38 amerikanischen Universitäten, die sich als »schwimmende Universität« bezeichneten. Berlin war eine Etappe ihrer Studienreise um die Welt, die über Hawaii nach Europa führte.

ES WAR EIN NOVEMBER MIT SINTFLUT UND REVOLUTION. Stahlgrauer Regen spritzte waagerecht über die Straße, und die Seidenschirme der schönen Frauen hatten ausgedient. Kugeln zerschlugen die Rosen, die die Schönen über der linken Brust trugen, und wortlos legten sie sich auf der Stelle nieder, wie auf Geheiß eines unsichtbaren Liebhabers. Der Bezirk um den Potsdamer Platz war fast ebenso gefährlich wie die Front in der Champagne. Ein grauer Himmel lastete auf der Stadt wie ein bleierner Sargdeckel. Doch blau-weiße Matrosen aus Kiel belebten das Todesgrau und heiterten es auf. Rote Soldaten schwenkten in der aufblitzenden Dämmerung ihre Standarten mit den eckigen Gesten expressionistischer Gemälde ... Die zwei Liebenden bezogen eine Luxussuite im Hotel Adlon. Auf das Bett deutend erzählte der Hotelpage, an diesem historischen Ort hätten schon die Duse und d'Annunzio ... miteinander geschlafen.

*Yvan Goll, 1985*

Adlon ist ein strenger, eigenwilliger und repräsentativer Bau, an dessen Fassade der Bildhauer eine lange Reihe von Isadora Duncans in wallenden Gewändern tanzen läßt, die den Stein auf wunderbare Weise zum Leben erwecken.«
*Links* das Adlon kurz nach der Eröffnung, darunter die mit dunklem Holz getäfelte Bar um 1910, *rechts* das Restaurant, dessen Dach geöffnet werden konnte, um 1930.
*Seiten 222/223:* Eine festlich geschmückte kleine Dampferflotte auf der Spree vor der Nationalgalerie und dem Berliner Dom; links von der Friedrichsbrücke die Börse (um 1930).
*Faksimile:* Kofferaufkleber des Hotels Adlon.

Die berühmten Hotels galten in Berlin als der Inbegriff des Luxus: Kaiserhof, Bristol, Continental, Adlon ... Das Continental lag, wie auch das Central, gegenüber dem Bahnhof Friedrichstraße, der Kaiserhof bei den Ministerien Unter den Linden. Neben der Berliner High Society, die dort den ganzen Winter hindurch Galadiners und Bälle gab, verkehrten hier auch reiche Ausländer, Diplomaten und Offiziere, Amerikaner und Russen. Nicht nur der französische Reiseschriftsteller Jules Huret formuliert in seinem Werk *En Allemagne* den Eindruck, dass das 1907 am Pariser Platz eröffnete Adlon alle anderen überstrahlt: »Das neue Hotel

ABER HALT! SEHEN SIE DAS GEBÄUDE AN DER ECKE der Charlottenstraße? Das ist das »Café Royal«! ... Hier schrägüber sehen Sie das »Hotel de Rôme« und hier wieder links das »Hotel de Pétersbourg«, die zwei angesehensten Gasthöfe. Nahebei ist die Konditorei von Teichmann. Die gefüllten Bonbons sind hier die besten Berlins ... Hier ist das »Café Royal«. Das freundliche Menschengesicht, das an der Türe steht, ist Beyerman. Das nenne ich einen Wirt! Kein kriechender Katzenbuckel, aber doch zuvorkommende Aufmerksamkeit; feines, gebildetes Betragen, aber doch unermüdlicher Diensteifer, kurz, eine Prachtausgabe von Wirt. Laßt uns hineingehn. Ein schönes Lokal; vorn das splendideste Kaffeehaus Berlins, hinten die schöne Restauration. Ein Versammlungsort eleganter, gebildeter Welt. Sie können hier oft die interessantesten Menschen sehen.

*Heinrich Heine, 1822*

BERLINER CAFÉS

*Links:* Wiener Ambiente im Café Einstein in der Kurfürstenstraße. Dieses relativ junge Café (1978 eröffnet) wird besonders von Berlinern geschätzt und beweist, dass sich gediegene Kaffeehausstimmung auch heute noch erzeugen lässt.

*Rechts:* Das Café Bauer, Ecke Friedrichstraße und Unter den Linden (um 1890) ist zu jener Zeit Berlins berühmtestes Café. Wie im Kranzler auf der anderen Straßenseite herrscht hier Wiener-Kaffeehaus-Atmosphäre. Beide Cafés gehören der Familie Kempinski, die in jenen Jahren die Großgastronomie dominierte. Sie führte auch das Hotel Bauer, das für seinen Wintergarten bekannte Central, das Baltic, das Bristol sowie das

Hotel und Café Westminster; die Krönung des Imperiums war das Haus Vaterland, ein riesiger, von 1910–1912 am Potsdamer Platz errichteter Komplex mit bayerischer Braustube, Rheinterrasse, dem Wiener Café Grinzing, einer spanischen Bodega, dem ungarisch ausgestalteten Restaurant Czarda mit Sonnenuntergang über der Puszta, einer Wildwest-Bar und einem Türkischen Café.

*Seiten 226/227:* Café am Kurfürstendamm, Ende der 30er Jahre.

WIR SPAZIERTEN OFT VOM KURFÜRSTENDAMM ZUM ALEXANDERPLATZ. Es war sehr kalt – minus fünfzehn Grad;
wir gingen schnell und machten häufig Station. Die Konditoreien gefielen mir nicht. Sie sahen aus wie Teestuben; aber die
Gasthäuser mit den massiven Tischen und den schweren Gerüchen fand ich gemütlich. Wir aßen dort oft zu Mittag. Ich
mochte die fette deutsche Küche, Rotkohl, Rauchfleisch und Bauernfrühstück. Wildbret mit Preiselbeeren, Gerichte mit
dicken, sämigen Soßen, die in den besseren Lokalen serviert wurden, sagten mir weniger zu. Ich erinnere mich an das
Restaurant »Le Rêve«. Es war mit Seidensamt ausgeschlagen, auf dem Beleuchtungseffekte à la Loïe Fuller spielten. Säu-
lenreihen, Wasserspiele und sogar Vögel, glaube ich, gab es dort. Sartre führte mich auch ins »Romanische Café«, den einstigen Treffpunkt der Intellektuellen; seit ein oder zwei Jahren mieden sie es. Ich sah nur einen großen Raum voll kleiner
Marmortische und steiflehniger Stühle.

*Simone de Beauvoir, 1934*

*Links:* Ein Wintertag vor dem Hotel
Esplanade, um 1925.
*Oben:* Das Standbild Kaiser Fried-
richs Unter den Linden im Schnee,
(Aufnahme von 1905).
*Rechts:* Postkarte des Palast-Hotels
(Aufnahme von 1905).

Etwa seit Beginn des 20. Jahrhunderts entstand allmählich ein neues
künstlerisch-intellektuelles und dann
auch gesellschaftliches Kraftzent-
rum, weit westlich der Berliner Stadt-
mitte – am Kurfürstendamm. Bereits
1895 war am heutigen Kranzler-Eck,
Ku'damm Ecke Joachimstaler Straße,
das »Café des Westens« eröffnet
worden, das sich zum Treffpunkt der
kulturellen Avantgarde entwickeln
sollte. Alfred Kerr, Christian Morgen-
stern, Frank Wedekind und Else Las-
ker-Schüler verkehrten hier ebenso
wie die Pazifisten um Wieland Herz-
felde, George Grosz und John Heart-
field. Die expressionistischen Zeit-

schriften *Der Sturm* und *Die Aktion*
wurden hier gegründet, es entstanden erste Kaberetts wie »Schall und
Rauch«. Von den Konservativen
wurde das wilde Treiben abschätzig
»Café Größenwahn« genannt, ein
Name, den die Künstler freudig
übernahmen und der später sogar
auf ein Kabarett übertragen wurde.
Auch das Romanische Café, Nach-
folger der Konditorei des Hotels
Kaiserhof an der Stelle des heutigen
Europa-Center, wurde zu einem
Literaten- und Künstler-Café und zu
einem wahren Kunstmarkt der Wei-
marer Republik. Im Nelson-Theater,
Ku'damm Ecke Fasanenstraße, ver-
anstaltete der Komponist und Pianist
Rudolf Nelson seine legendären
Revuen, und dort gab Josephine
Baker ihr Berliner Debüt.
*Seiten 230/231:* Karneval in einem
Nachtclub, um 1925.

233

DER TIERGARTEN IST DER MEISTBESUCHTE UND SCHÖNSTE PARK BERLINS. Er wurde in letzter Zeit stark verändert, hat aber dennoch den Charakter eines natürlichen Waldes bewahrt, der seinen eigentlichen Charme ausmacht ... Besonders sehenswert ist er an den Ufern der kleinen Wasserläufe, auf der Rousseauinsel und weiter weg am Seepark. Gegenüber vom Seepark liegt der 1844 angelegte zoologische Garten ..., der 1869 umgestaltet und erweitert wurde und nun zu den bedeutendsten und schönsten zählt. Die sehenswertesten Gebäude sind das Antilopenhaus im maurischen Stil und das Elefantenhaus, das an eine Pagode erinnert.

*Karl Baedeker, 1888*

BERLIN TIERGARTEN

Ein Besuch im Tiergarten, dem schönsten und berühmtesten Park von Berlin; *oben* der Fischteich um 1910, *rechts* der Zoo, in dem die Besucher um 1930 einen Seelöwen bestaunen. Am Rand des Tiergartens, gegenüber dem Reichstag, lag die Kroll-Oper, auch Kroll'scher Wintergarten genannt, eine Berliner Institution, die im 19. Jahrhundert als Marionettentheater begonnen hatte und seit 1924 zur Staatsoper gehörte.

*Seiten 234/235:* Im Tiergarten konnte der Berliner seinen Drang zu großstädtischem Stil an der frischen Luft ausleben – wie hier in einer der zahlreichen Laubenterrassen – oder angesichts der Wasserläufe oder der Rousseau-Insel über die Liebe zur Natur nachsinnen.
*Seiten 238/239:* Der Anhalter Bahnhof, 1875–1880 erbaut, galt seinerzeit als unerhört kühnes und schönes Bauwerk. Seine dreistöckige gegliederte Fassade und die zahlreichen Bögen mit Glasfenstern gaben dem Bau Eleganz und Leichtigkeit. Die freitragende Halle war 62 Meter breit, 170 Meter lang und 34 Meter hoch und damit die größte der Welt. Von hier fuhren die Züge nach Leipzig, Karlsbad, Prag, Wien, Rom, Frankfurt und München. Dieses wie ein Stillleben wirkende Foto zeigt den Bahnhof kurz nach der Eröffnung.

DER KÖNIG HAT MICH ZUM DINER NACH SANS-SOUCI EINGELADEN, und dann beim Spaziergang im Garten plauderten wir ausgiebig miteinander; ich war der einzige Künstler in der Runde. Am nächsten Tag übersandte mir die Prinzessin von Preußen eine Einladung zum Tee ... Diesem Besuch folgte ein weiterer in kleinstem Kreise, bei dem ich ihr von meiner Reise erzählte und eine Unmenge musikalischer Details berichten mußte. Sie zeigte ein so lebhaftes Interesse am *Faust*, daß sie, trotz der frühen Stunde, zu den beiden letzten Proben kam.

*Hector Berlioz, 1843*

POTSDAM

»Sans-Souci«, dieser französische Name steht über dem zentralen Pavillon des Schlosses Friedrichs des Großen – symbolhaft für einen König, der sich hier ein französisches »Lustschloss« wünschte und der forderte, an der Berliner Akademie solle nur in dieser Sprache gelehrt werden und Lehrer und Schüler sollten in den Schulen ausschließlich Französisch sprechen. Voltaire, der 1750, drei Jahre nach Vollendung von Sanssouci, nach Potsdam kam, traute seinen Ohren nicht. »Ich befinde mich hier in Frankreich; man spricht nur unsere Sprache.« Und einige Monate später: »Ich hab noch kein einziges deutsches Wort gehört.«

Dennoch machte Friedrich der Große ein Zugeständnis an den Geschmack seiner Zeit: Zehn Jahre später ließ er ein chinesisches Teehaus bauen (*links*, Aquarell von Susanne Mocka), wie es für einen »englischen« Garten typisch war, obwohl der österreichische Diplomat Fürst von Ligne warnte: »Nicht zuviel chinesisch! Das ist zu verschnörkelt und wird zu beliebig.«
*Seiten 242/243:* Ein Jahrhundert später, ab 1851, ließ Friedrich-Wilhelm IV. die Orangerie bauen (Foto um 1910); hier versinkt man förmlich in italienischer Renaissance. Die Terrasse bietet einen herrlichen Ausblick.

POTSDAM IN VOLLEM GLANZE EINES SONNENERFÜLLTEN TAGES ist gewiß von königlicher Pracht, aber schön ist es dort eigentlich bei jedem Wetter und zu jeder Jahreszeit; im tiefsten Winter, wenn es auf seinen Wegen einsam bleibt, offenbart der Park vielleicht seine geheimsten Schönheiten. Er ist überhaupt unerschöpflich, und wer das Glück hat, ihn oft betreten zu dürfen, erlebt ihn immer wieder aufs neue und immer wieder anders. Geschichte, Kunst und Landschaft haben sich hier zusammengetan, um die außerordentliche Wirkung zu erzeugen, der ein jeder Besucher Potsdams erliegt. Die Landschaft entfaltet sich in südlicher Üppigkeit und Fülle inmitten der herben märkischen Natur. Und die Kunst des 18. Jahrhunderts bleibt hier eine fruchtbare, beseligte Insel im kunstarmen protestantischen Nordosten. Im Hintergrund zeichnen sich in großen Umrissen die Geschichte des preußischen Staates und die großen Persönlichkeiten der Hohenzollern ab.

*Burkhard Meier, 1926*

POTSDAM

Das Neue Palais, dessen Planung bei Voltaires Aufenthalt bereits abgeschlossen war, wurde erst nach Ende des Siebenjährigen Krieges gebaut; es wurde so riesig, dass der König selbst scherzend anmerkte, es handle sich um eine architektonische *fanfaronnade*, eine Prahlerei: 220 Meter lang und doppelt so viele Standbilder an der Fassade, außen attisch und innen Rokoko. Und im Inneren triumphiert des Königs Vorliebe für das Theater über seine Stellung: Der Theatersaal enthält keine Königsloge, denn der Herrscher saß am liebsten in den vordersten Rängen. Der französische Architekt Jean Laurent Legeay wurde beauftragt, den Säulengang zwischen den Communs (zwei barocken Backsteinbauten) zu entwerfen, um mit dieser architektonisch hübschen Kulisse die Felder dahinter zu kaschieren. Wilhelm II. nutzte das Neue Palais bevorzugt als Sommerresidenz und ließ einen Bahnhof anbauen.
*Oben* das Neue Palais im Jahr 1930, *links* eine Nahaufnahme der Fassade von heute. *Rechts* ein Aufkleber des Potsdamer Palast-Hotels.

WÖRLITZ DONNERST. HIER ISTS IEZT UNENDLICH SCHÖN. Und mich hats gestern Abend wie wir durch die Seen Canäle und Wäldgen schlichen sehr gerührt wie die Götter dem Fürsten erlaubt haben einen Traum um sich herum zu schaffen. Es ist wenn man so durchzieht wie ein Mährgen das einem vorgetragen wird und hat ganz den Charackter der Elisischen Felder. In der sachtesten Manigfaltigkeit fliest eins ins andre, keine Höhe zieht das Aug und das Verlangen auf einen einzigen Punckt, man streicht herum ohne zu fragen wo man ausgegangen ist und hinkommt. Das Buschwerck ist in seiner schönsten Jugend, und das ganze hat die reinste Lieblichkeit.

*Johann Wolfgang von Goethe, 1778*

Am 26. September 1792 erhielt Schiller zugleich mit Klopstock von der Nationalversammlung der Revolution den Ehrentitel französischer Bürger. Auch so manch kleiner Fürst war Philosoph: Prinz August, Bruder des regierenden Herzogs von Sachsen-Gotha, erlaubte die Veröffentlichung eines revolutionären Almanachs und trank »auf das Wohl der Freiheit«, während Prinz Leopold von Anhalt-Dessau in Wörlitz einen Park ohne Zaun anlegen ließ, zu dem jedermann freien Zugang hatte, so wie auch jeder das Schloss besichtigen durfte. In diesem ersten großen deutschen

Landschaftspark *(rechts)*, beeinflusst von englischen Parks, italienischen Landschaften sowie dem Ideengut der Aufklärung, laden der Floratempel, der Venustempel, das Pantheon und das Gotische Haus zum Meditieren und Träumen ein. J. F. Eyserbeck, der den Garten entworfen hatte, wurde später von Friedrich Wilhelm II. nach Potsdam geholt, um dort die neuen Gärten um das Marmorpalais am Heiligen See zu gestalten. Von Magdeburg aus folgt man der Elbe *(links)*, die man mit der Fähre überquert, dann führt der Weg über eine schmale, gepflasterte Straße zum Wörlitzer Park. – Fahrschein der Elbfähre bei Coswig.
*Seiten 246/47:* Die Elbe mit Blick auf Magdeburg und den Dom.
*Seiten 250/51:* Die Muschelnymphe im Wörlitzer Park, die klassizistische Umarbeitung einer römischen Skulptur aus der Villa Borghese.

ZWEI WOCHEN VOR ERÖFFNUNG DER JAHRMÄRKTE, hauptsächlich jener zu Ostern und zu Sankt Michael, setzte in der Stadt reges Treiben ein. Alle Welt emigriert, ohne jedoch Leipzig zu verlassen. In den Geschäftsvierteln sieht man die Bürger ihre Wohnungen verlassen, um den Fremden Platz zu machen, die dementsprechend zahlen ... Während der letzten Tage wird der Platz bei der Alten Waage, zwischen Hallenstraße und Gerberstraße, zu klein für das Gedränge der Wagen und Karren ... Dort werden die Waren angeliefert, die mit dem Konvoi aus Magdeburg und Dresden eintreffen. Auf dieser Strecke befördert die sächsisch-bayerische Eisenbahn die Leder- und Tuchwaren, und mehrere Tage lang rattern über die Ritterstraße Karren, welche die schweren Lederwaren und andere Erzeugnisse vom Rhein her transportieren.

*Guillaume Depping, um 1880*

LEIPZIG

*Oben:* Der neue, 1914 fertig gestellte Leipziger Bahnhof ist der größte auf dem europäischen Kontinent. Hier an einem Morgen im August 1926.
*Links:* Auf einer Andenkenpostkarte des Café Bauer von 1907: Auerbachs Keller, die Mädler-Passage und das Gasthaus Zu den drei Schwanen; dort traf sich eine Gruppe von 17 Musikern, die sich 1781 in der ehemaligen Halle der Tuchhändler niederließ und aus der das berühmte Gewandhaus-Orchester entstand.

*Rechts:* Ein Baedeker von 1889, Symbol dafür, dass die Stadt mit ihren 500 Buchhandlungen und 78 Druckereien seit einem Jahrhundert Mittelpunkt des deutschen Verlagswesens ist; Umschlag eines Albums mit »50 Ansichten von Leipzig 1895«; eine Rechnung des Hotels Stadt Rom gegenüber dem Dresdner Bahnhof. Damals gab es in Leipzig sechs Bahnhöfe.
*Seiten 254/255:* Mobile Reklame für eine Spielzeugfabrik anlässlich der Frühjahrsmesse 1922.

Schön ist Dresden, dieses »deutsche Florenz«, das muß ihm der blasse Neid lassen! Hochstrebende alt-ehrwürdige Kirchen, gewaltige Kuppelbauten, alles von der Zeit mit schwarzem Stempel versehen – und Tauben segeln in dichten Schwärmen durch die Luft und spazieren in Eintracht mit den Spatzen sonder Scheu dicht vor den Füßen der Passanten ... Die Elbe strömt sprudelnd in noch jugendlichem Übermut schnell und stark talab ... überall an den Enden der Stadt, wo sich die Straßen ins Freie öffnen, sieht man Berge, von denen Häuser wie weiße Punkte herüberwinken oder Gelände von Weinpflanzungen dursterweckend herabsehen.

*Ernst Barlach, um 1893*

*Oben:* Der alte Hafen von Dresden um 1910. Hinter der Albertbrücke erkennt man rechts den Turm der Hofkirche, die im Stil des italienischen Hochbarock von 1737 bis 1756 von dem römischen Architekten Chiaveri gebaut wurde, und links den Turm des Stadtschlosses.
*Rechts:* Die Frauenkirche um 1870.
*Seiten 256/257:* Blick auf Dresden vom Schlossplatz aus, 1880. Die breite Treppe mit den Skulpturen der vier Tageszeiten führt zur Brühl'schen

Terrasse hinauf, »30 Fuß über der Elbe, mit Ausblick auf die Fluss-biegung und die grünen und bewal-deten Hügel, die sich am weiten Horizont ausdehnen«, wie Hippolyte Taine schrieb. »Dampfschiffe kehren im purpurroten Dunst heim, und ihre Musikanten lassen Fanfaren erklin-gen. Die glutrote Sonne taucht in hohe, dunkle Wolkenberge, und der Fluss leuchtet, spiegelt die rußge-schwärzten Schwaden, die sich um den flammenden, rot glühenden Kranz der versinkenden Sonne legen.«

Um drei Uhr pflegte die Gemäldegalerie zu schliessen, und wir gingen in das nächste Restaurant essen. Es war das sogenannte Italienische Dörfchen, dessen überdachte Galerie direkt über dem Fluß hing. Die riesigen Fenster des Restaurants gaben den Blick auf beide Seiten der Elbe frei, und bei schönem Wetter war es höchst angenehm, hier zu Mittag zu essen und alles zu beobachten, was sich auf dem Fluß tat. Man speiste verhältnismäßig billig, doch sehr gut, und Fjodor Michailowitsch bestellte sich jeden Tag eine Portion »Aal blau«, den er sehr gern aß und von dem er wußte, daß man ihn hier frisch gefangen erhielt.

*Anna Grigorjewna Dostojewskaja, 1869*

*Oben:* Postkarten von Dresden 1895–1896 (von links nach rechts): die alte Brücke aus dem 13. Jahrhundert und das Elbufer, die Akademie der Schönen Künste, hinter der die Kuppel der Frauenkirche zu sehen ist; im Medaillon das Hoftheater für 2000 Zuschauer, darunter der Aufgang zur Brühl'schen Terrasse.
*Rechts:* Rechnung für eine Übernachtung am 20. September 1895 im Grandhotel Europäischer Hof.
*Seiten 262/263:* Der zwischen 1709 und 1732 errichtete Zwinger – bemerkenswerter Vorhof zu einem geplanten, jedoch nie gebauten Schloss. Darin befindet sich die Gemäldegalerie von August III., eine der bedeutendsten in Europa. Im

Mittelpunkt des Gartens steht das Standbild des Auftraggebers, Friedrich-August I., Kurfürst von Sachsen und König von Polen, genannt August der Starke, dem dieses barocke Meisterwerk zu verdanken ist. Im Hintergrund der Wallpavillon, daneben die Sophienkirche und rechts das Kronentor mit seinem Zwiebeldach (Foto von 1890).

No. 263

Dresden, den 20.9 189 5

# Sendig's Hôtel Européischer Hof.
## Rudolf Sendig.

German for German Strasse 38, L.
→ Prager Strasse 38, L.

Um Irrthümer zu vermeiden, werden die Rechnungen täglich überreicht.
Pour éviter des erreurs on donne la note tous les jours.
To prevent mistakes bills are given daily.

Man bittet, die Rechnungen wöchentlich zu berichtigen.
On est prié de payer la note tous les semaines.
Visitors are requested to settle their account weekly.

The Berlitz School of Languages. —— Telegramm-Adresse: Sendig Dresden Schandau
Unterricht zu jeder Tageszeit.
Conversation bevorzugt.
Besondere Damenkurse.
Vorzügliche Lehrkräfte.
Klassen- und Privatstunden.

Englisch
Französisch
Italienisch
Spanisch
Russisch

| | | Mark | Pf. | Mark | Pf. |
|---|---|---|---|---|---|
| Transport: | | | | 3 | 50 |
| Pension | | | | 4 | — |
| Logement | Eier | | | 1 | 25 |
| Dejeuner | | | | | |
| Diner | ½ Braunschweiger | | | — | 50 |
| Equipage | | | | 1 | 25 |
| Bäder | | | | | |
| Dienerschafts-Zehrung | 1 Mark | | | | |
| 21/9 1 dejeuner | | | | | |
| | | | | 10 | 50 |

Betrag empfangen

Casse des Européischen Hofes

DER ZAUBER DRESDENS BERUHTE AUF DER NATUR UND KUNST ZUGLEICH; es war wie ein Sinnbild eben dieses Zaubers, wenn man an hellen Sommerabenden in der Pause der Oper zum Sonnenuntergang vom Balkon des Foyers über den Opernplatz mit dem Schloß und der italienischen Grazie der Hofkirche hinüber schaute zu der alten schönen Augustusbrücke und der Brühlschen Terrasse und zugleich als fernen Abschluß des ganzen unvergeßlichen Bildes die im Abendlicht leuchtenden Höhen von Loschwitz mit den Albrechtsschlössern und den zierlichen Landhäuschen, in denen einst Schillers Don Carlos entstand, vor sich liegen hatte.

*Paul Fechter, 1954*

Zur Zeit August des Starken brauchte der Baron von Bielefeld zehn Tage für die 190 Kilometer lange Strecke von Berlin nach Dresden. Sobald er im Schloss war, musste die vom Hof vorgeschriebene Kleidung angelegt werden: Scharlachrot und Gold die Herren, Blau und Gold die Damen. Unter August III. (1733–1763) gibt dessen Minister, Graf von Brühl, den Ton in Sachen Kleidung an. Dieser prunksüchtige Mann rühmte sich, 500 Gewänder, 47 Pelze, 12 Muffs, 75 Säbel, 102 Uhren, 87 Ringe und 103 Parfumfläschchen zu besitzen – und 1500 Perücken. »Viel für einen Mann, der keinen Kopf hat«, meinte Friedrich II. sarkastisch.

*Oben:* Die Schlossmauer an der Augustusstraße (1890). Auf dem großen Wandgemälde sind die Landesfürsten in ihrer Abfolge dargestellt.

*Rechts:* Das Schmuckstück des Zwingers, der Wallpavillon (1880).

No. 85. Dresden. Zwinger, Pavillon, Treppenaufgang.

N. & G. 1603.

SCHWE... ...USCH... ...u... ...ni Winterberg.

ICH ZIEHE DIE SÄCHSISCHE SCHWEIZ EBENFALLS JEDEM ANDEREN TEILE DER WELT VOR, namentlich auch der eigentlichen Schweiz. Man kann nicht immer große Natur schwelgen, nicht immer klettern und außer Atem sein. Aber Sächsische Schweiz! Himmlisch, ideal. Da hab ich Dresden; in einer Viertel- oder halben Stunde bin ich da, da seh ich Bilder, Theater, Großen Garten, Zwinger, Grünes Gewölbe. Versäumen Sie nicht, sich die Kanne mit den törichten Jungfrauen zeigen zu lassen, und vor allem den Kirschkern, auf dem das ganze Vaterunser steht. Alles bloß durch die Lupe zu sehen.«

*Theodor Fontane, 1887*

SÄCHSISCHE SCHWEIZ

Vielfalt an Schlupfwinkeln, Ritzen, Gipfeln und aufgetürmten Felsen, die, von gelben Flechten überzogen, über unseren Köpfen zackenförmig und fast senkrecht in den blauen Himmel ragen.« Um von Dresden zur berühmten Bastei zu gelangen, braucht man 1870 zunächst mit dem Dampfer zweieinhalb Stunden bis zum knapp 25 Kilometer entfernten Wehlen; von dort aus geht es dann zu Fuß weitere eineinhalb Stunden auf der »hübschesten Straße der Welt« hinauf zur Bastei. Ähnlich ist es beim Lilienstein, den man über den sechs Kilometer weiter flussaufwärts liegenden Ort Königstein erreicht. Von der Anlegestelle steigt man in einer Stunde über einen ziemlich steilen Pfad und in den Fels gehauene Stufen 404 Meter hinauf auf den Lilienstein; von dort aus hat man einen weiten Blick über das Flusstal. *Rechts*: Blick über die Elbe auf den Lilienstein, um 1910. *Seiten 266/267*: Das imposante Basaltmassiv des Großen Winterberges (552 Meter) im Nationalpark Sächsische Schweiz; dahinter verläuft die Grenze zu Böhmen.

*Oben:* Im Tal der Kamnitz, einem Nebenflüsschen der Elbe, liegt die wildromantische Edmundsklamm (Foto von 1894). Direkt hinter der Grenze auf böhmischem Gebiet gelegen, zählt die Kamnitzschlucht nach dem Fall des Eisernen Vorhangs wieder zu den beliebtesten Ausflugszielen in der Sächsischen Schweiz. Auch der französische Schriftsteller und Philosoph Hippolyte Taine war von dieser Landschaft beeindruckt: »In alle Felsspalten und Nischen ducken und klammern sich in jeder Höhe Tannen; eine erstaunliche

DIE BASTEI, 296 METER HOCH, IST EIN FELSMASSIV MIT EINZELNEN GIPFELN, die 210 Meter steil zur Elbe abfallen. Man hat einen herrlichen Blick auf die Elbe und weitere Felsrücken, die da und dort wie Festungsanlagen aus dieser eigentümlichen Gegend aufragen. Fünf Minuten flußabwärts ist die Basteibrücke, deren sieben Bögen die Felsen in großer Höhe miteinander verbinden.

*Karl Baedeker, 1888*

BASTEI

*Oben:* Touristen unter dem Kuhstall-Bogen, um 1910. Dieser gewaltige natürliche Felstunnel, am Eingang 6 Meter hoch, wird bis zu 11 Meter hoch und 17 Meter breit. Die Gegend um das Kirnitzsch-Tal ist voll von solch spektakulären Felsformationen.
*Links:* Die Schwebebahn zwischen den Dresdner Stadtteilen Loschwitz und Oberloschwitz, 1901 eingeweiht, war seinerzeit eine technische Sensation. Die Loschwitzer Höhe ist eine der landschaftlichen Attraktionen von Dresden; weit schweift der Blick über die Landeshauptstadt und nach Süden über das Elbsandsteingebirge.
*Rechts:* Die Basteibrücke, hier auf einem Foto von 1857, gehört auch heute noch zu den meistbesuchten Sehenswürdigkeiten der Sächsischen Schweiz.

# Nord- und Ostseeküste: von Borkum nach Rügen

Um Mitte September 1858 nach Hamburg zu gelangen, nahm Théophile Gautier den Zug, der
um zehn Uhr abends von Berlin abfährt. 75 Jahre
später wäre er in den »Fliegenden Hamburger« gestiegen,
der die Strecke ab 1932 mit einer Geschwindigkeit bis zu
160 Kilometern in der Stunde zurücklegt.

Er steigt im Hotel Europa an der Binnenalster ab, deren
Ufer mit Hotels und wunderschönen Häusern gesäumt sind;
am belebtesten ist ein grün gestrichenes Café, auf Stelzen
übers Wasser gebaut. Er spaziert durch die Stadt der
Matrosen, in der an jeder Brücke ein Opferstock mit dem
Bild eines Schiffbruchs steht; die Spenden sind für die
unglücklichen Familien. Unweigerlich muss er an Heinrich
Heines Klagen nach dem Feuer von 1842 denken: »Und
mein armes Hamburg liegt in Trümmern, und die Orte,
die mir so wohlbekannt, mit welchen alle Erinnerungen
meiner Jugend so innig verwachsen, sie sind ein rauchen-
der Schutthaufen! Am meisten beklage ich den Verlust
jenes Petriturmes – er war über die Kleinlichkeit seiner
Umgebung so erhaben! Die Stadt wird bald wieder aufgebaut sein mit neuen, geradlinigen Häusern und nach der
Schnur gezogenen Straßen, aber es wird doch nicht mehr
mein altes Hamburg sein, mein altes schiefwinkliges,
schlabbriges Hamburg. Der Breitengiebel, wo mein Schus-
ter wohnte, und wo ich Austern aß, – ein Raub der
Flammen! ... Und das Rathaus – wie oft ergötzte ich mich an
den Kaiserbildern, die, aus Hamburger Rauchfleisch gemeißelt, die Fassade zierten!«

Gautier verscheucht solch düstere Gedanken und genießt
den Anblick der Frauen in dieser Stadt: »Trotz der recht
frischen Brise waren ihre kräftigen Arme bis zu den Schul-

tern entblößt, sie waren gebräunt, gerötet und von jenem Zinnoberrot, das oftmals bei Rubens zu bestaunen ist.« Und er amüsiert sich über die Vorliebe der Leute für Süßes. Ohne Übertreibung glaubt er sagen zu können, dass es in Hamburg dreimal so viele Konditoreien gibt wie in Paris.

Als der Journalist Jules Huret ein halbes Jahrhundert nach ihm in der Stadt weilt, steht das Café-Restaurant Alster-Pavillon noch immer auf seinen Stelzen und ist so voll wie eh und je; daneben liegt der Hamburger Hof, das erlesene Hotel Vier Jahreszeiten und am anderen Ufer das Gebäude der Hamburg-Amerika-Linie, in dessen Giebel die ehrgeizige Devise gemeißelt ist: »Mein Feld ist die Welt.« Und Huret schreibt: »An einem schönen Abend muss man beim Anblick des glitzernden Sternenhimmels, der zahllosen Lichter, der huschenden Dampferlaternen und der strahlend erleuchteten Kais unwillkürlich an eine italienische Nacht denken.«

Im Juli 1934 kommt Simone de Beauvoir nach Hamburg: »Es war vor allem ein großer Hafen: Schiffe, die ausliefen, einfuhren, schlafend vor Anker lagen, Matrosenkneipen und die ganze Palette der Laster. Aus Gründen der Moral hatte man einen Großteil des verrufenen Viertels abgeriegelt. Trotzdem blieben noch einige Straßen mit Absperrungen an beiden Enden, wo sich hinter blankgeputzten Fensterscheiben geschminkte Dirnen mit gekräuseltem Haar präsentierten. Ihre Gesichter waren reglos, man hätte sie für Puppen in Friseurauslagen halten können. Wir gingen auf die Kais und um die Hafenbecken spazieren

und aßen am Alsterufer zu Mittag. Am Abend erkundeten wir die Stätten des Lasters; das bunte Treiben gefiel uns.«

Gautier, der auf dem Weg nach Russland ist, nutzt die Gelegenheit, in Schleswig die Baronin Ahlefeld zu besuchen, die er noch unter dem Namen Marix gekannt hat. Mit fünfzehn war sie ein Malermodell und so schön, dass ein Bildhauer einen Abguss von ihrem Körper machen durfte. Doch zunächst fährt er nach Kiel, das an einer Bucht mit einem fast elf Kilometer langen, gezackten Küstenstreifen mit schattigen Einlässen liegt. Im Jahr 1895 weiht Kaiser Wilhelm den Nord-Ostsee-Kanal ein und nimmt dann jedes Jahr im Juni an den Segelregatten teil. Dann herrscht in der Stadt ausgelassenes Treiben; allein die gotische Nikolaikirche bleibt davon ausgenommen.

Hoch im Norden liegt Glücksburg, der letzte Badeort an der Ostsee, am Rande einer jener Förden, die nördlich von Lübeck in die Ostküste Schleswig-Holsteins schneiden. Auf der anderen, der Westseite der Halbinsel, liegt die Insel Sylt mit ihren weißen Sandstränden. Der Badeort Westerland wird seit 1857 viel besucht und wartet, trotz des rauen Klimas, schon bald mit einem Nacktbadestrand auf. 70 Jahre später, im Jahr 1927, wird die Bahnverbindung über einen elf Kilometer langen Damm übers offene Meer eingeweiht. Im Sommer fahren von hier aus regelmäßig Schiffe zur Insel Helgoland, diesen imposanten, steilwandigen Felsen ohne Bäume.

Der Vorhafen Bremerhaven, den sich die Hansestadt zwischen 1865 und 1870 an der Wesermündung baute, ist Sitz des Norddeutschen Lloyd, der zweiten großen Schifffahrtsgesellschaft Deutschlands. Innerhalb von nur zehn Jahren brechen von hier und von Hamburg eine Million Deutsche mit dem Ruf auf: »Was ist des Deutschen Vaterland? Amerika!«

Von der Künstlerkolonie Worpswede, wo seit 1889 eine neoimpressionistische Gruppe arbeitete, führt der Weg nach Bremen und ins Schnoorviertel, das »Schnur«viertel der Matrosen und Fischer. Man hat es ab 1959 renoviert und rund 100 Häuser aus dem 15. und 16. Jahrhundert originalgetreu wieder aufgebaut.

*Linke Seite:* Der Kieler Hafen (1910) war dank seiner Lage am Ende der Kieler Förde äußerst geschützt und obendrein der wichtigste deutsche Kriegshafen. Prinz Heinrich von Preußen wohnte im Schloss, und 1895 weihte Wilhelm II. persönlich den nach ihm benannten Kanal ein, der die Ostsee mit der Elbe verbindet – und der heute Nord-Ostsee-Kanal heißt.
*Oben und links:* Im Hafen von Hörnum, an der Südspitze der Insel Sylt, 1957: Die Fähre verbindet die Insel mit dem großen Elbehafen. Darunter eine Busfahrkarte für die Strecke Hörnum–Westerland.

An der Küste im Westen zieht sich die Kette der Ostfriesischen Inseln, von Wangerooge bis Borkum. Heine zufolge, der hier seine Jugend verbrachte, ranken sich viele Sagen um diese Inseln, so auch um Norderney. »Ein Konrektor, der hier badete, wollte behaupten, hier sei einst der Dienst der Hertha oder, besser gesagt, Forsete begangen worden, wovon Tacitus so geheimnisvoll spricht.«

In den Nordseebädern, die dem preußischen Staat gehören, herrschen strenge Regeln. Da nach Ansicht der Kurärzte zu häufiges Baden der Gesundheit schadet, ist das Meer nur von 7 bis 14 Uhr zugänglich, und es ist verboten, weiter als bis Kniehöhe ins Wasser zu gehen. Folglich kann man nicht schwimmen, sondern nur ein kurzes Bad nehmen. Zudem herrscht strikte Geschlechtertrennung: Männer dürfen sich nur bis auf 500 Meter dem Frauenbad nähern. Und auch am Zugang zu der 175 Meter langen Mole, über der das Schild »Luftbad« angebracht ist, kassiert ein Angestellter unerbittlich 10 Pfennige pro Person.

In Lübeck begegnen wir erneut Gautier, der sich nach St. Petersburg einschifft. Zuvor hatte er hinter Kiel das bewaldete Hügel- und Seengebiet der Holsteinischen Schweiz durchquert. Dort liegt, inmitten einer der schönsten englischen Gärten Deutschlands, in Plön das Schloss, das den jungen Hohenzollern lange Zeit als Militärschule diente.

Auch Simone de Beauvoir erinnert sich gern an »Lübeck mit seinen ruhigen Straßen und schönen roten Kirchen«, an Stralsund, durch das der Seewind pfeift, und – welch ein Kontrast – an den Ratskeller mit seinem Deckengewölbe,

in dem die Leute dicht gedrängt sitzen, Bier trinken und singen. Ähnlich fröhlich geht es auch im Haus der Schiffergesellschaft zu, dem ehemaligen Sitz der Seefahrergilde mit Backsteinfassade und Staffelgiebel. Bis heute hat sich die »Königin der Hanse« ihre alten Salzspeicher entlang der Obertrave bewahrt, ihre romanische Kathedrale aus gelben, roten und grauen Backsteinen, die Heinrich der Löwe 1173 erbauen ließ, und die Marienkirche, in der sich das Bild »Einzug Christi in Jerusalem« des romantischen Malers Friedrich Overbeck befindet, des Hauptvertreters der Gruppe der Nazarener.

Heringsdorf auf Usedom an der Pommerschen Bucht nahe der Odermündung ist um 1900 nur vier Stunden von der Hauptstadt Berlin entfernt. Dennoch wurde es damals nur von reichen Familien aufgesucht, die wegen der Kleinkinder keine lange Reise machen konnten. Wer weiter fahren konnte, begab sich nach Rügen, wo Hotelzimmer zwei bis drei Monate im Voraus reserviert wurden. Die Insel mit stark gegensätzlichen Landschaften beherrscht Stralsund und jene »Wiesen bei Greifswald« weiter im Süden, die der Pommer Caspar David Friedrich malte, der bedeutendste Landschaftsmaler der deutschen Romantik.

*Oben:* Die Dünen von Sylt bei Westerland, das seit 1858 Seebad ist (Foto um 1910).
*Rechts:* Eine Touristin in den 30er Jahren schnuppert die frische Ostseebrise in Heiligendamm. Das älteste deutsche Seebad wurde 1793 von Friedrich Franz I., Herzog von Mecklenburg-Schwerin, nach dem Vorbild englischer Seebäder geschaffen und wenig später an die Bahnlinie Rostock–Wismar angeschlossen. Zwischen Bad Doberan und der Küste fährt auch heute noch die kleine Dampfeisenbahn »Molli«, die seit 1886 in Betrieb ist.

UND MAN KANN MEILENWEIT LAUFEN, AN DEN FLUSSUFERN ENTLANG, über Stege und Brücken. Den Hafenanlagen, die man gerade hinter sich gelassen hat, folgen immerzu neue; Montage- und Lagerhallen begleiten einen endlos,
bis einem schließlich klar wird, daß man nie an ein Ende gelangt. Sucht man den Horizont ab, so zeichnet sich dort, ebenso
wie am eigenen Standort, ein ganzer Wald von Masten ab, ein Dickicht von Schloten großer Dampfschiffe, ein Gewirr von
Kränen, die in den Bäuchen der Schiffe wühlen und behutsam riesige, in Packleinen gehüllte und von Eisenklammern
umspannte Ballen und Bündel von Fässern aller Art daraus hervorholen ... Und ohne Unterlaß fällt Regen, peitscht über
die Pfützen auf dem Straßenpflaster hinweg, sticht wie Nadeln ins Wasser der Hafenbecken, überzieht den Himmel mit
grauen Fäden.

*Joris-Karl Huysmans, 1902*

HAMBURG

*Oben:* Die Stadt ist durchzogen von
Alster und Bille sowie von zahlreichen Flussarmen und Kanälen, auf
denen flache Boote Waren zu den
Lagerhäusern transportieren.
*Links:* Etikett des Hotels zum Kronprinzen am Alsterbecken.
*Rechts:* Die gotische Basilika
St. Katharinen (um 1880).
*Seiten 280/281:* Die Elbe in Hamburg
um 1910, ein Meer von Masten.
1887 lagen 205 Dampfschiffe und
300 Segelschiffe im Hafen; 100 Jahre
später gab es Kais mit einer Länge

von 37 Kilometern für Überseeschiffe
und 21 Kilometern für Lastschiffe,
dazu 500 Kilometer Schienenwege.
1886 schifften sich 88 633 Emigranten
in Hamburg ein; die Betreiber der
Hamburg–Amerika-Linie hatten ein
richtiges Dorf eingerichtet, in dem
die Emigranten billig wohnen und
essen konnten und die aus Russland
oder Polen kommenden orthodoxen
Juden koschere Mahlzeiten bekamen.

PUNKT ACHT UHR FÄHRT DER ZUG ÜBER DIE RIESIGE BRÜCKE über die Alster, welche die beiden Stadtteile Hamburgs miteinander verbindet. Die Stadt wirkt sehr groß und sehr belebt. Man spürt, daß sie lebendig und wohlhabend, extrem auf den Handel ausgerichtet und dicht bevölkert ist ... Jedes Stadtviertel hat sein eigenes Gesicht. Hier Hafenanlagen, Speicher, belebte Kais, alte, wackelige Häuser, mittelalterliche Winkel; dort Paläste, weite Plätze, Säulengänge, Kolonnaden; weiter weg, mit hundert Jahre alten Bäumen gesäumte Prachtstraßen. Und im Zentrum die Alster, dieser See, Hamburgs ganzer Stolz, auf dem sich sonntags Tausende von Segelyachten tummeln ... Darin erhebt sich eine künstliche Insel, deren Entstehungsgeschichte durch die ganze Presse ging. Auf Wunsch Wilhelms II. sollte die Alster eine Insel bekommen. »Wenn es denn sein soll, Sire«, sagte der Bürgermeister, »wird die Alster ihre Insel bekommen, ganz wie es Euch beliebt.«

*Adolphe Brisson, 1885*

HAMBURG

Der große Brand vom 5. bis 8. Mai 1842 hatte in Hamburg praktisch alle Gebäude vernichtet. Die St.-Nikolai-Kirche *(oben)*, deren 144 Meter hoher Turm von überall zu sehen ist, wurde im gotischen Stil des 13. Jahrhunderts erbaut, allerdings nach 1842. *Links:* Die monumentale Brücke über die Elbe, auf der ab 1872 Züge von Süden her direkt bis nach Hamburg fahren konnten, während man bis dahin in Harburg auf die Fähre umsteigen musste. *Rechts:* Rechnung vom Hotel Hamburger Hof, 1906. Vor dem 1888 gebauten Hotel ist der Alsterpavillon zu sehen. Die Postkarte von 1897 zeigt u. a. ein Kriegerdenkmal.

»In Hamburg ist dieser Fluss maßlos«, schreibt Huysmans über die Elbe. »Wäre sie ein Meeresarm, ließe man ihr freien Lauf, aber durch den Handel wurde sie in ein Netz von Wasserwegen unterteilt, die sich an zusammengeketteten schwarzen Holzpfählen mit Straßen kreuzen, die statt mit Häusern mit Dampfschiffen gesäumt sind, und auf dem Fahrdamm treffen sich die Kinder aus dem Hafen, von den Schaluppen und den Kähnen ...«
*Seiten 284/285:* Eine »Wasserstraße« im alten Teil Hamburgs, um 1880; links der Kirchturm von St. Katharina.

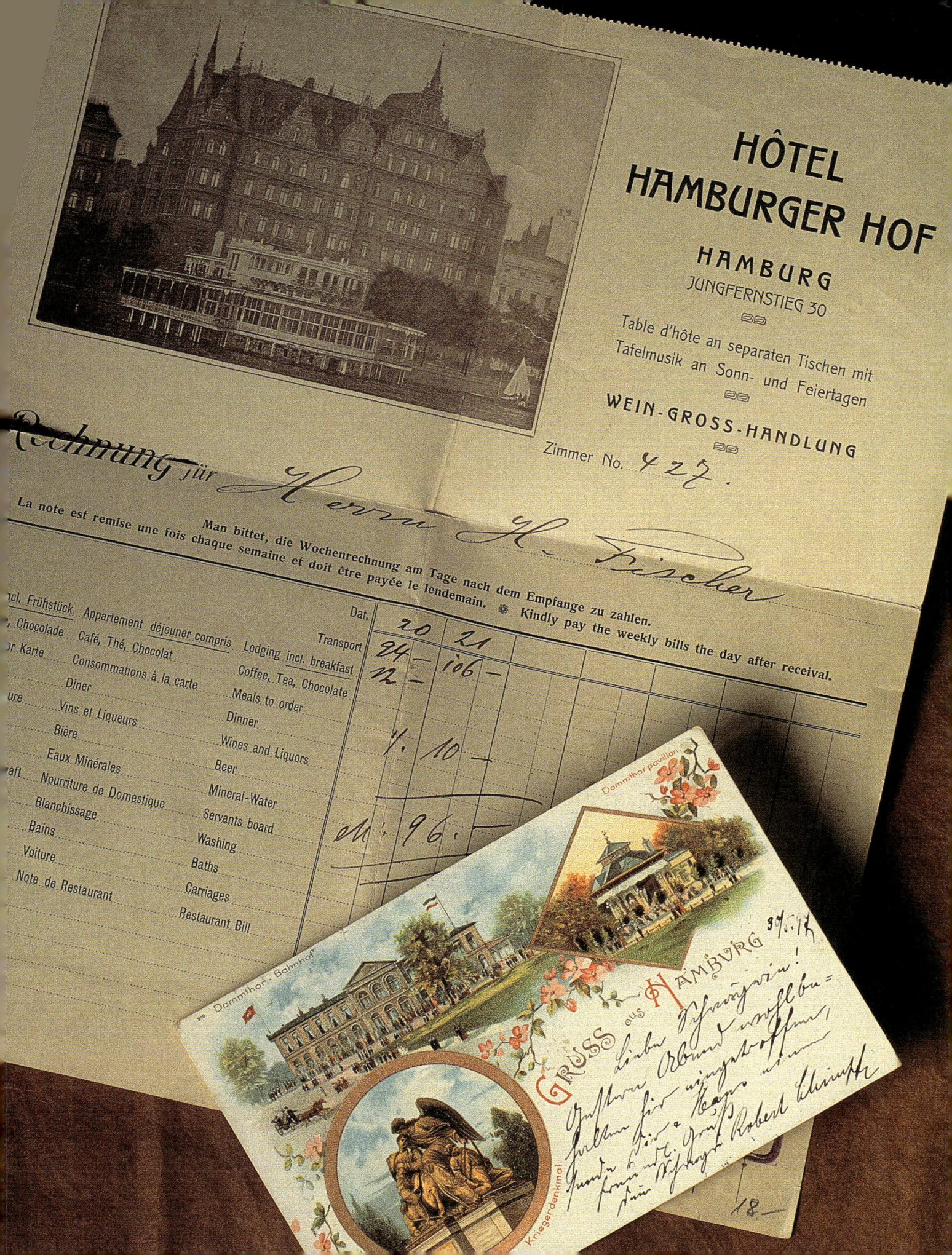

# HÔTEL HAMBURGER HOF

### HAMBURG
JUNGFERNSTIEG 30

Table d'hôte an separaten Tischen mit
Tafelmusik an Sonn- und Feiertagen

### WEIN-GROSS-HANDLUNG

Zimmer No. 427

Rechnung für Herrn H. Fischer

Man bittet, die Wochenrechnung am Tage nach dem Empfange zu zahlen.
La note est remise une fois chaque semaine et doit être payée le lendemain. ❋ Kindly pay the weekly bills the day after receival.

| | | Dat. | 20 | 21 | | | | | | | |
|---|---|---|---|---|---|---|---|---|---|---|---|
| incl. Frühstück | Appartement déjeuner compris | Transport | | | | | | | | | |
| Chocolade Café, Thé, Chocolat | Lodging incl. breakfast | | 94.— | 106.— | | | | | | | |
| er Karte | Consommations à la carte | Coffee, Tea, Chocolate | 12.— | | | | | | | | |
| | Diner | Meals to order | | | | | | | | | |
| ure Vins et Liqueurs | Dinner | | | | | | | | | | |
| Bière | Wines and Liquors | | 4.10.— | | | | | | | | |
| Eaux Minérales | Beer | | | | | | | | | | |
| aft Nourriture de Domestique | Mineral-Water | | | | | | | | | | |
| Blanchissage | Servants board | | M.96.— | | | | | | | | |
| Bains | Washing | | | | | | | | | | |
| Voiture | Baths | | | | | | | | | | |
| Note de Restaurant | Carriages | | | | | | | | | | |
| | Restaurant Bill | | | | | | | | | | |

FÜR LESER, DENEN DIE STADT HAMBURG NICHT BEKANNT IST … muß ich bemerken, daß der schönste Spaziergang der Söhne und Töchter Hammonias den rechtmäßigen Namen Jungfernsteg führt, daß er aus einer Lindenallee besteht, die auf der einen Seite von einer Reihe Häuser, auf der anderen Seite von dem großen Alsterbassin begrenzt wird; und daß vor letzterem, ins Wasser hineingebaut, zwei zeltartige lustige Kaffeehäuslein stehen, die man Pavillons nennt. Besonders vor dem einen, dem sogenannten Schweizerpavillon, läßt sich gut sitzen, wenn es Sommer ist und die Nachmittagssonne nicht zu wild glüht, sondern nur heiter lächelt und mit ihrem Glanze die Linden, die Häuser, die Menschen, die Alster und die Schwäne, die sich darauf wiegen, fast märchenhaft lieblich übergießt.

*Heinrich Heine, 1833*

*Links:* Das Hotel Atlantic Kempinski an der Alster, auch »Der weiße Riese« genannt, eines der letzten Grandhotels von Hamburg. Das Foto entstand 1909, kurz nach der Eröffnung.
*Unten:* Postkarten von 1897, links das neue, 1896 vollendete Rathaus.
*Oben:* Ruderboote vor dem Restaurant Fährhaus-Bucht um 1920. Vor dem Jungfernstieg wurde, als Pendant zum alten Alsterpavillon, eine Rotunde gebaut, davor eine Terrasse, die aufs Wasser hinausgeht. Dort legen die kleinen Dampfer ab, die unter der Lombardsbrücke hindurch zur Außenalster mit ihren von Wiesen. Villen und Freibädern gesäumten Ufern fahren; die beliebtesten sind Uhlenhorst, Harvestehude und, weiter im Norden, Eppendorf.

*Seiten 290/291:* Binnenalster, Alsterpavillon und Jungfernstieg um 1880, gesäumt von den Geschäften an den Alsterarkaden und den Hotels Streit, Hamburger Hof, Victoria, Kronprinz und Sankt-Petersburg; hinten der Alsterdammkai mit den Hotels Belvedere, Europa, Alster Hotel und dem Kirchturm von St. Petri (rechts) und St. Jacob (links).
*Faksimile:* Speisekarte der SS *Columbus*, einem Schiff der Norddeutschen Lloyd in Hamburg, September 1930.

Es ist fünf Uhr morgens, als wir, noch etwas schlaftrunken, Kiel erreichen; strahlendes Licht durchflutet das Abteil ... »Gehen Sie ins Belle-Vue essen, hat uns jemand gesagt, da können Sie den Ausblick auf die Reede genießen.« Belle-Vue ist ein Gartenlokal, auf einer Hügelkuppe, von der aus man einen herrlichen Rundblick hat. Der Eintritt kostet drei Mark pro Person, aber wir bereuen es nicht. Der Himmel strahlt, die Sonne lacht, die sanfte Brise bewegt die Blätter. Vor uns erstreckt sich, soweit das Auge reicht, der riesige Hafen, in dem sich Schiffe aus aller Herren Länder tummeln, herausgeputzt, beflaggt, aufgereiht zur Parade. Hier die Deutschen, eisengrau, mit rot gestreiften Schloten; die Amerikaner goldgelb; die Engländer weiß und schwarz; die Russen, die man an ihren vergißmeinnichtblauen Flaggen erkennt.

*Adolphe Brisson, 1895*

*Links:* In Kiel erwarten Schaulustige
die Ankunft des Kaisers. Alles kostet
doppelt, denn schließlich hat sich die
Bevölkerung für die 48 Stunden der
Feierlichkeiten verzehnfacht.
»Die Personen, die befugt sind,
den Kaiser am Bahnhof zu begrüßen,
müssen in Frack und mit weißer
Krawatte erscheinen und ihren
Überzieher über dem Arm tragen«,
stand auf den Presseeinladungen
zum 19. Juni 1895. Der Zug des Kaisers mit den langen, weiß-blauen
Waggons fuhr ein, und Wilhelm II.,
in Lackstiefeln und weißer Kürassier-
uniform, auf dem Kopf die goldene
Pickelhaube mit dem Wappenadler,
stieg aus. Er kam, um von der Yacht

*Hohenzollern* aus (*oben*) den Ost-
seekanal einzuweihen.
*Unten:* Der Stich von der *Hohenzollern* ist der *Revue Illustrée* vom
15. Juli 1895 zur Einweihung des
Kanals entnommen.

293

UND NUN, DA DAS MEER SICH ÖFFNETE, SAH ER VON FERN DEN STRAND, an dem er als Knabe die sommerlichen Träume des Meeres hatte belauschen dürfen, sah die Glut des Leuchtturms und die Lichter des Kurhauses, darin er mit seinen Eltern gewohnt ... Die Ostsee! Er lehnte den Kopf gegen den starken Salzwind, der frei und ohne Hindernis daherkam, die Ohren umhüllte und einen gelinden Schwindel, eine gedämpfte Betäubung hervorrief, in der die Erinnerung an alles Böse, an Qual und Irrsal, an Wollen und Mühen träge und selig unterging. Und in dem Sausen, Klatschen, Schäumen und Ächzen rings um ihn her glaubte er das Rauschen und Knarren des alten Walnußbaumes, das Kreischen einer Gartenpforte zu hören ...

*Thomas Mann, 1923*

Glücksburg, in der Flensburger Förde an der Ostsee, ist von sanften, dicht bewaldeten Hügeln umgeben. Es besitzt auch ein Schloss am Wasser, das der Herzog von Schleswig-Holstein-Sonderburg im 16. Jahrhundert an malerischer Stelle bauen ließ.
*Oben:* Der Strand und das Strandhotel außerhalb der Saison (Foto zwischen 1900 und 1910).
*Rechts:* Broschüre für die Besucher von Glücksburg, um 1900.
*Seiten 296/297:* Reges Treiben am Strand von Westerland in der Badesaison (Foto von 1910).

*Seiten 298/299:* »Unsere Ferien in Sylt, Juli-August 1957« steht auf dem Fotoalbum eines glücklichen Urlaubers. Von der Ankunft auf der Insel bis zum Programm einer Pianosoirée ist hier alles festgehalten: links der Bahnhof von Westerland, Endstation des elf Kilometer langen Eisenbahndamms, der die Insel mit dem Festland verbindet, mit Taxistand und Inselstraßenbahn. In der Mitte das Porträt des Berliner Pianisten Herbert Schlinke, der in jenem Sommer in Westerland auftrat; außerdem diverse Eintrittskarten.

Hauptbahnhof Westerland
mit Taxenhalteplatz

ess" fährt in Richtg.
num

Die Inselbahn (Schienenbus) vor dem

HERBERT SCHLINKE

Jetzt haben alle Badegäste die Insel bereits verlassen. Das Meeresgeräusch dröhnt beständig in die Ohren. Es geht ein starker Nordostwind und die Hexen haben wieder viel Unheil im Sinne ... Ich gehe hier oft am Strande spazieren und gedenke solcher seemännischen Wundersagen. Die anziehendste derselben ist wohl die Geschichte vom fliegenden Holländer, den man im Sturm mit aufgespannten Segeln vorbeifahren sieht, und der zuweilen ein Boot aussetzt, um den begegnenden Schiffern allerlei Briefe mitzugeben, die man nachher nicht zu besorgen weiß, da sie an längst verstorbene Personen adressiert sind.

*Heinrich Heine über Norderney, 1824*

BREMERHAVEN

HELGOLAND

*Links:* Anlegestelle in Bremerhaven um 1910.
Die alte Handelsstadt Bremen hatte bereits seit 1358 der Hanse angehört. Weil die Unterweser, der lebenswichtige Zugang der Stadt zur Nordsee, im Lauf der Jahre zunehmend versandete, verlagerten die Bremer ihren Haupthafen 60 Kilometer weiter nach Norden und gründeten 1827 auf bis dahin hannoverschem Territorium die Stadt Bremerhaven. Deshalb ist Bremen bis heute das einzige Bundesland, das aus zwei Teilen besteht.
*Rechts:* Helgoland. Damals wie heute geht man unterhalb des Steilfelsens an Land und gelangt über eine Treppe oder mit dem Aufzug auf das 63 Meter höher gelegene »Oberland«. Die vorgelagerte Düne, auf der sich heute der Flugplatz befindet und die ursprünglich mit der Insel verbunden war, wurde bereits 1720 durch eine Sturmflut abgetrennt.

*Seiten 302/303:* Belebte Caféterrasse auf Helgoland. Melone, Kreissäge, breitrandiger Filzhut, Glockenhut, Matrosenmütze – hier wird alles an Kopfbedeckungen vorgeführt, was in jener Zeit en vogue war (Foto von F. Friedrichs um 1890). Seit 1807 hatten die Engländer die Insel besetzt; im Jahr 1890 kam sie im Rahmen des Helgoland-Sansibar-Vertrags wieder zurück an Deutschland.

Die Badekutschen, die Droschken der Nordsee, werden hier nur bis ans Wasser geschoben und bestehen meistens aus viereckigen Holzgestellen, mit steifem Leinen überzogen. Jetzt, für die Winterzeit, stehen sie im Konversationssaale und führen dort gewiß ebenso hölzerne und steifleinene Gespräche wie die vornehme Welt, die noch unlängst dort verkehrte.

*Heinrich Heine, 1827*

DIE GANZE KÜSTE DER OSTSEE IST MIR UNBEKANNT, und ich für mein Teil würde sie dazu nicht wählen, solange nur noch ein Fleckchen an der Nordsee übrig wäre, das dazu taugte, weil dort das unbeschreiblich große Schauspiel der Ebbe und Flut, wo nicht fehlt, doch nicht in der Majestät beobachtet werden kann, in welcher es sich an der Nordsee zeigt. Es gibt da zu tausend Unterhaltungen Anlaß, und ich würde kaum glauben, daß ich mich an der See befände, wo der Größe dieser Naturszene etwas abginge.

*Georg Christoph Lichtenberg, 1783*

*Oben:* Borkum auf einer Postkarte von 1900. In der Mitte erkennt man den Leuchtturm.
*Links:* Broschüre aus den 20er Jahren, in der Borkum »Das ›Deutsche‹ Nordseebad« genannt wird – die Nachbarinsel gehörte schon zu den Niederlanden; daneben Reklame für die Strand-Villa Otto Hawich, auf dem Foto oben am rechten Bildrand.

*Rechts:* Strandkörbe gehören an Nord- und Ostsee zum typischen Bild. Ein unbekannter Dichter namens Hans-Huldreich Büttner widmete ihnen ein kleines Gedicht (Postkarte von 1957).

BORKUM

305

NACHDEM ICH DEN BAHNHOF VERLASSEN HATTE UND DURCH DAS HOLSTENTOR GEGANGEN WAR, das von zwei niedrigen, massiven Türmen flankiert wird, und dann stundenlang ziellos durch die Straßen irrte, war mein erster Eindruck, daß ich durch eine Art toter Spielzeugstadt spazierte. Alles dort war klein, die Straßenbahnen und die Kirchen; selbst die Hunde kläfften kaum lauter als Stoffhündchen; alles schien kleiner geworden zu sein, seit ich Hamburg verlassen hatte. Ich ging durch eine zwergenhafte, sterbende Stadt, die zur Untätigkeit verurteilt war, seit Bremen und Hamburg den gesamten deutschen Seehandel an sich gerissen und damit dem Betrieb in ihrem Hafen ein Ende bereitet hatten ... Ich erinnere mich an eigentümliche Straßen, auf denen zwischen den Pflastersteinen Löwenzahn wuchs, an Straßen, gesäumt mit kleinen Häusern, die aussahen wie die Reste von Burgen, die Kinder mit Dominosteinen bauen.

*Joris-Karl Huysmans, 1902*

fotografiert im Jahr 2003; ein Anblick, der mehr als hundert Jahre zuvor den flämisch-französischen Schriftsteller Joris-Karl Huysmans zum Schwelgen verführte: »Über Arkadengängen entfaltete sich am Rathaus eine üppige Fassade, überquellend von gemalten Wappen, darüber zugemauerte Spitzbögen, unterbrochen von fünf winzigen Türmchen mit spitzen Helmen aus grünem Kupfer, fünf Wettertürmchen aus blauen, rosafarbenen, grünen und braunen Ziegelsteinen; hie und da mischten sich schwarze Ziegel mit irisierenden Lichtreflexen darunter. All das glitzerte trotz der Alterspatina und zeichnete sich am grauen Himmel ab. Und diese unglaubliche Fassade setzte sich im rechten Winkel hinter dem nächsten Bauwerk an der Ecke des Platzes fort und bestand dann aus drei weiteren grün behelmten Türmen, die durch eine Backsteinmauer mit drei großen, runden Öffnungen miteinander verbunden waren.«
*Links:* Auf halber Strecke zwischen Lübeck und Rostock liegt Schwerin, ehemalige Hauptstadt des Herzogtums Mecklenburg, umgeben von Wäldern und Seen. Sein Schloss, im 19. Jahrhundert nach dem Vorbild des Renaissance-Schlosses Chambord wieder aufgebaut, liegt wunderschön zwischen dem Schweriner und dem Burgsee. – Touristenprospekt von Schwerin, 1939.

Lübeck, einst die wichtigste Hansestadt, bewahrt in seinen Mauern so viele Zeugnisse seiner Blütezeit im Mittelalter, dass die Reisenden am Ende des 19. Jahrhunderts noch einen geschlossenen Eindruck von seiner einstigen Bedeutung bekommen konnten.
*Oben:* Die alten Salzspeicher an der Trave, auf der die mit Gütern beladenen Schiffe von der Ostsee her in die Stadt gelangten.
*Rechts:* Das berühmte Holstentor aus dem 14. Jahrhundert, durch das man in die Altstadt gelangt, wurde 1871 restauriert.
*Seiten 306/307:* Das Lübecker Rathaus mit seinem Wald von Türmchen,

DER GOTT DER EISEN WACHSEN LIESS DER WOLLTE KEINE KNECHTE.

DEUTSCHLAND FAHRRÄDER von AUGUST STUKENBROK, EINBECK

ARNDT-THURM.
Bergen a. R.

Verlag August Stukenbrok, Einbeck
Erstes und grösstes Special-Fahrrad-Versandhaus Deutschlands

AM NACHMITTAG SASSEN WIR MITEINANDER AUF DER TERRASSE. Es war schönes Wetter. Bisweilen überholte ein rotes Schiff unmerklich ein ganz blaues Schiff und verschluckte es für eine Minute. Es tat gut, mit anzusehen, wie eine Farbe die andere aufnahm, ohne sich dabei zu verändern. Schwalben, die gesalzene Mücken bevorzugten, strichen über das Meer. Das kleine Signalhaus, so aufgeputzt und kalkgehärtet wie ein Mensch, der mitten in der Arena steht, ohne daß der Stier ihn je trifft, harrte zufrieden des Sturmes.

*Jean Giraudoux, 1922*

RÜGEN

HEILIGENDAMM

*Links:* Der zu Ehren des patriotischen Dichters Ernst Moritz Arndt errichtete Turm (Postkarte von 1900) in Bergen, damals Endstation der Eisenbahn auf Rügen. Aus 98 Meter Höhe über dem Meer hat man einen weiten Blick auf die herrlichen Buchenwälder. Dort wurden der germanischen Göttin Hertha Opfergaben dargebracht – wie übrigens auch auf Borkum.
*Rechts:* Die Uferpromenade in Heiligendamm in den 30er Jahren. 1793 gegründet, ist Heiligendamm das älteste deutsche Seebad, ein echtes Thermalbad, wie die lateinische Inschrift am klassizistischen Giebel des Kurhauses beweist: »Hic te laetitia invitat post balnea sanum« – »Freude empfängt dich hier, entsteigst du gesundet dem Bade.«

Königin Luise von Preußen, Lord Nelson und der europäische Adel waren häufig zu Gast in den Bädern, die heute Teil der Hotelanlage Kempinski sind.
*Seiten 310/311:* Die Steilküste der Insel Rügen.

# BIBLIOGRAFIE

*À travers le monde*, Nr. 30, 23. Juli 1904, Paris

*Allemagne-France, lieux et mémoire d'une histoire commune*, hg. v. Jacques Morizet und Horst Möller, Paris 1995

Bac, Ferdinand, *Le Voyage romantique, Chez Louis II, roi de Bavière*, Paris 1910

Baedeker, Karl, *Allemagne du Nord, Manuel du voyageur*, Paris 1888 – *Les Bords du Rhin, Manuel du voyageur*, Paris 1891

Barbay-Say, Hélène, *Le voyage de France en Allemagne de 1871 à 1914*, PU Nancy

Berlioz, Hector, *Le Musicien errant*, Briefwechsel, veröffentlicht von Julien Tiersot, Paris 1927 – *Souvenirs de voyage*, Paris, 1932 – *Voyage musical en Allemagne et en Italie*, Paris, 1844

Brisson, Adolphe, in *La Revue illustrée*, 15. Juli 1895

Burkhard Meier, *Potsdam, Schlösser und Gärten*, Berlin 1926

Byron, George-Gordon, *Childe Harold*, Französische Ausgabe, Paris 1870

Colleu-Dumond, Chantal, *Capitales oubliées, Weimar*, Paris 1995

Cooper, James Fenimore, *A residence in France, with an excursion up the Rhine, and a second visit to Switzerland*, Paris 1836

Cortambert, Richard, *Voyage pittoresque à travers le monde*, Paris 1884

Démerin, Patrick, *Voyage en Allemagne*, Paris 1989 – *Munich: baroque, ingénieuse et gloutonne*, Paris 1986 in *Passion d'Allemagne*, Paris 2001

*Der Sturm*, Nr. 26, Berlin 1911

Dostojewski, Fjodor M., *Der Spieler*, Leipzig 1961

Du Camp, Maxime, »l'Allemagne actuelle«, in *Paris, ses organes, ses fonctions et sa vie dans la seconde moitié du XIXe siècle*, Bd. 1, Paris 1887

Dumas, Alexandre, *Excursions sur les bords du Rhin*, Paris 1991

Durand, Hippolyte, *Le Danube allemand et l'Allemagne du Sud*, 1863

Engerand, Fernand, *Les amusements des villes d'eaux à travers les âges*, »Lettre du chevalier de Riancourt au signor Gratiani«, Paris 1936

Fauchier-Magnan, Adrien, *Les petites cours d'Allemagne au XVIIIe siècle*, Paris 1947

Fernandez, Dominique, *La perle et le croissant*, Paris 1995

Freeden, Max H. von u. Engel, Wilhelm, *Würzburg: Amtlicher Führer*, Würzburg 1965

Gautier, Théophile, *Loin de Paris*, Paris 1865; *Quand on voyage*, 1858; *Voyage en Russie*, Paris 1878; *Un tour en Belgique et en Hollande*, Paris 1997

Genevoix, Maurice, *Lorelei*, Paris 1978

Giraudoux, Jean, *Siegfried et le Limousin*, Paris 1922

Goethe, Johann Wolfgang von, *Italienische Reise* (Band 11 der Hamburger Ausgabe), München 1981

Brief an Charlotte von Stein, 14. Mai 1778, in *Goethes Briefe*, Band 1, Hamburg 1962

Gombert-Roueil, C. u. Sereau, R., *Promenade historique à travers Baden-Baden*, Paris 1946

Goncourt, Jules de, *Journal*, Band 1

*Guide Joanne, Bavière, Tyrol*, Paris 1913

Heine, Heinrich, *Reisebilder, Erster und Zweiter Teil*, Hamburg 1926/1927

Hugo, Victor, *Le Rhin*, Briefe 9–16; *Voyages et excursions* (Frankreich und Belgien), in *Œuvres Complètes*, Paris 1955

Huret, Jules, *De Hambourg aux marches de Pologne*, Paris 1908; *En Allemagne, Berlin*, Fasquelle, 1909; *En Allemagne: la Bavière et la Saxe*, Paris 1911

Huysmans, Joris-Karl, *De tout*, »À Hambourg«, Paris 1902

Joanne, Adolphe, *Les bords du Rhin illustrés*, Paris 1863

Kolb, Annette, *Die Schaukel*, Berlin, 1934

Lamming, Clive, *Les grands trains*, Paris 1989

»Le voyage en Allemagne«, in *Les écrivains français et l'Allemagne*, hg. v. Jean-Luc Tiesset, Paris, 1996

Lehmann, Friedrich Wilhelm, *Berlin-Bummel um die Jahrhundertwende*, München 1961

Litton Bulwer, M. E., *Œuvres complètes, Les pèlerins aux bords du Rhin*, Französische Ausgabe, übersetzt von J. Cohen, Paris 1834.

Mac Orlan, Pierre, *Villes*, Paris 1929

Magris, Claudio, *Danube*, Französische Ausgabe, übersetzt von Jean und Marie-Noëlle Pastureau, Paris 1988/coll. Folio, März 2003 (Originalausgabe: *Danubio*, ©Garzanti, 1986)

Mann, Thomas, *Tonio Kröger*, Frankfurt a. M. 1975

Müntz, Eugène, in *Le Tour du monde: nouveau journal des voyages*, hg. v. Edouard Charton, Paris 1898

Nerval, Gérard de, *Lorelei*, in *Œuvres complètes 3*, Paris 1867–76

Ogrizek, Doré, *Deutschland*, München 1954

Palmier, Jean-Michel, *Retour à Berlin*, Paris 1997

Richard, *Manuel du voyageur sur les Bords du Rhin*, Paris 1846

Roché, Henri-Pierre, *Jules et Jim*, Paris 1953

Saint Phalle, Nathalie de, *Hôtels littéraires*, Paris 1991

Shelley, Percy & Mary, *Letters*, Bd. III, 1842

Taine, Hippolyte, *Voyage en Allemagne* (Juni-Juli 1870, Frankfurt, Eisenach, Weimar, Leipzig und Dresden). Auszug aus der *Revue des Deux Mondes* vom 1. Dezember 1920

Tournier, Michel, *Capitales oubliées – Weimar*, Paris 1995.

Vialatte, Alexandre, *XXe siècle*, 6. Dezember 1945

# ZITATNACHWEIS

S. 38: Victor Hugo, *Le Rhin, Lettres à un ami*, Brief 9, Paris 1842

S. 42: Alfons Paquet, *Der Rhein. Vision und Wirklichkeit*, Düsseldorf 1942

S. 46: Georg Forster, *Ansichten vom Niederrhein*, Leipzig 1971

S. 50: Goethe, *Campagne in Frankreich*, Hamburg ab 1948

S. 50: Henry Wadsworth Longfellow, *Hyperion*, New York 1839

S. 60: Maurice Genevoix, *Lorelei*, Paris 1978

S. 65: Pierre Mac Orlan, *Villes*, Paris 1929

S. 70: Johann Wolfgang von Goethe, *Dichtung und Wahrheit*, Hamburg ab 1948

S. 74: Iwan Turgenjew, *Frühlingsfluten*, München 1967

S. 78: Pierre Mac Orlan, *Villes*, Paris 1929

S. 79: Richard, *Manuel du voyageur sur les Bords du Rhin*, Paris 1846

S. 82: Joseph von Eichendorff, *Erlebtes*, München 1970

S. 86: Fjodor M. Dostojewski, *Der Spieler*, Leipzig 1961

S. 89: Mark Twain, *A Tramp Abroad*, London 1880

S. 92: Gérard de Nerval, *Die Oktobernächte. Lorelei. Die Illuminaten*, München, 1988

S. 96: Théophile Gautier, *Quand on voyage*, 1858

S. 100: Hermann Missenharter, in: Doré Ogrizek, *Deutschland*, München 1954

S. 111: Robert Walser, 1918, *Poetenleben*, Frankfurt 1977

S. 114: Eugène Müntz, *En Allemagne*, Bd 78/79 von *Tour du monde: Nouveau journal des voyages*, hg. v. Édouard Charton, Paris 1898

S. 118: Peter Iljitsch Tschaikowsky, *Erinnerungen und Musikkritiken*, Leipzig 1972

S. 122: E. T. A. Hoffmann, *Die Serapionsbrüder*, Berlin 1963

S. 126: James Fenimore Cooper, *A residence in France, with an excursion up the Rhine, and a second visit to Switzerland*, Baudry's European Library, Paris 1836

S. 128: Ricarda Huch, *Unser München*, München 1930

S. 132: Rainer Maria Rilke, *Ewald Tragy*, München 1929

S. 134: Scott Fitzgerald, *Show Mr and Mrs F. to Number*, in: *La Fêlure*, Paris 1934

S. 138: Max Frisch, *Homo Faber*, Frankfurt a. M., 1977

S. 142: Claudio Magris, *Danubem*, Paris 1988

S. 146: Henri Pierre Roche, *Jules et Jim*, Paris 1953

S. 151: Jean Giraudoux, *Siegfried oder die zwei Leben des Jacques Forestier*, Berlin 1962

S. 154: Hans F. Nöhbauer, *Auf den Spuren König Ludwigs II.*, München 1995

S. 161: Simone de Beauvoir, *In den besten Jahren*, Reinbek bei Hamburg, 1969

S. 165: Hermann Missenharter, in: Doré Ogrizek, *Deutschland*, München 1954

S. 176: Iring Fetscher, in: Merian-Heft »Frankfurt«, Hamburg 1991

S. 180: Iwan Turgenjew, *Frühlingsfluten*, München 1967

S. 182: Jules Clarétie, in: Richard Cortambert, *Voyage pittoresque à travers le monde*, Paris 1884

S. 186: Karl Korn, in: Doré Ogrizek, *Deutschland*, München 1954

S. 188: Stefan Zweig, *Verwirrung der Gefühle*, Frankfurt a. M., 2003

S. 192: Maurice Genevoix, *Lorelei*, Paris 1978

S. 196: Hans-Egon Gerlach, in: Doré Ogrizek, *Deutschland*, München 1954

S. 199: Michel Tournier, in: *Capitales oubliées, Weimar*, Paris 1995

S. 202: Ludwig Tieck, *Der junge Tischlermeister*, Berlin 1836

S. 204: Paul Fechter, in: Doré Ogrizek, *Deutschland*, München 1954

S. 216: Stefan Zweig, *Verwirrung der Gefühle*, Frankfurt a. M. 2003

S. 220: Friedrich Wilhelm Lehmann, *Berlin-Bummel um die Jahrhundertwende*, München 1961

S. 224: Yvan Goll, *Sodom Berlin*, Berlin 1985

S. 229: Heinrich Heine, *Briefe aus Berlin*, Hamburg 1829

S. 232: Simone de Beauvoir, *In den besten Jahren*, Reinbek bei Hamburg, 1969

S. 236: Karl Baedeker, *Norddeutschland*, Leipzig/Paris 1888

S. 240: Hector Berlioz, *Le Musicien errant*, Paris 1927

S. 245: Burkhard Meier, *Potsdam, Schlösser und Gärten*, Berlin 1926

S. 248: Johann Wolfgang von Goethe, Brief an Charlotte von Stein, 14. Mai 1778, in: *Goethes Briefe*, Band 1, Hamburg 1962

S. 252: Guillaume Depping, in: Richard Cortambert, *Voyage pittoresque à travers le monde*, Paris 1884

S. 258: Ernst Barlach, *Briefe*, Band 1, München 1968

S. 260: Anna Grigorjewna Dostojewskaja, *Erinnerungen*, Berlin/DDR 1976

S. 264: Paul Fechter, in: Doré Ogrizek, *Deutschland*, München 1954

S. 268: Theodor Fontane, *Irrungen, Wirrungen*, Berlin 1887

S. 270: Karl Baedeker, *Norddeutschland*, Leipzig/Paris 1888

S. 282: Joris-Karl Huysmans, *De tout*, »A Hambourg«, Paris 1902

S. 286: Adolphe Brisson, in: *La Revue illustrée*, Paris, 15. Juli 1895

S. 288: Heinrich Heine, *Aus den Memoiren des Herren von Schnabelewopski*, Hamburg 1834

S. 292: Adolphe Brisson, in: *La Revue illustrée*, Paris, 15. Juli 1895

S. 299: Heinrich Heine, *Reisebilder, Erster Teil*, Hamburg 1926

S. 302: Heinrich Heine, *Reisebilder, Zweiter Teil*, Hamburg 1927

S. 303: Georg Christoph Lichtenberg, *Warum hat Deutschland noch kein großes öffentliches Seebad?*, Göttingen 1793

S. 307: Joris-Karl Huysmans, *De tout*, »Lübeck«, Paris 1902

S. 308: Thomas Mann, *Tonio Kröger*, Frankfurt a. M. 1975

S. 313: Jean Giraudoux, *Siegfried oder die zwei Leben des Jaques Forestier*, Berlin 1962

**Abdruckgenehmigungen für die Zitate aus folgenden Werken erteilten freundlicherweise:**



Die übrigen Zitate aus fremdsprachigen Werken wurden für diese Ausgabe neu übersetzt.

## BILDNACHWEIS

AKG: 98/99, 246/247; ©BHA: 211; Bildagentur Huber, Garmisch-Partenkirchen: 156/157; Bildarchiv Monheim/R. von Götz: 39; Sammlung Arqué: 24/25 (unten), 44/45; Sammlung Boissel: 224, 225; Sammlung Eckenfels: 34, 96; Deutsche Bahn AG/DB-Museum/Nürnberg: 6, 8, 20/21 (rechts, oben); Grand Hotel Kempinski/Heiligendamm: 313; Hachette/Bucharchiv: 12, 127; Hachette/Fotothek: 43, 109 (oben), 176, 176-177 (Faksimile), 182, 190/191, 209 (oben), 126/217 (unten), 233 (oben), 240 (oben), 252 (oben), 254/255, 275 (oben), 280/281, 286 (unten), 289 (oben), 292 (unten), 300; Hachette/Fotothek/collection des vérascopes Richard: 17 (Demange), 22/23, 31 (oben), 52/53 (Bertrand), 58/59, 80/81, 100 (Hummel), 124/125 (Uzel), 130/131 (Bertrand), 152/153, 154, 160 (Merle), 180 (Demange), 237; Hachette/Karthografischer Dienst: 30, 104, 168, 208, 274; Roger-Viollet: 97, 158/159, 188, 226/227, 230/231; Romantik Hotel Messerschmitt, Bamberg: 117; Scope/Jacques Guillard: 162/163; Solvi dos Santos: 272/273, 306/307, 308, 310/311; Stadtarchiv München, Historisches Bildarchiv: 14/15, 128, 139; Stadtarchiv Eisenach und Michael Stück: 202, 203; Steigenberger Inselhotel, Konstanz: 165 (unten); Susanne Mocka: 240 (unten); SVT Historiska Bildarkivet /Stockholm: 20/21 (unten), 210, 218/219, 221, 222/223; Volkswagen-Museum/Wolfsburg: 27 (unten); Sammlung Walter: 1, 2/3, 4, 5, 7, 10, 12, 13, 16, 17 oben, 18/19, 20/21 (links und oben), 24/25, 26, 27 (oben), 31 (rechts), 33, 35, 36/37, 38, 40/41, 42, 46, 48/49, 50, 51, 54/55, 60, 61, 65, 66/67, 68/69, 70, 71, 72/73, 74, 76/77, 78, 79 (unten), 82, 83, 84, 85, 86, 87, 89, 92/93/94 (Interphot Hanns Tschira/Baden-Baden), 96 (unten), 101, 105, 106, 107 (unten), 108, 109 (unten und Mitte), 111, 112, 113, 114, 62/63, 64, 75, 110, 115, 116, 119, 126, 127, 128 (unten), 129, 134, 135, 138, 142, 145, 147, 148/149, 150, 151, 161, 164, 171, 169, 170, 172, 173, 174/175, 177, 178/179, 180 (unten), 181, 183, 186, 192, 194/195, 196, 198, 199, 200/201, 204, 209 (links), 213, 213, 214/215, 216/217 (links und rechts), 217, 220, 224 (unten), 229, 232, 233 (unten), 234/235, 236, 243/243, 245, 249 (Vignette), 252 (unten), 253, 275 (unten); (Foto) Marc Walter: 1, 11, 28/29, 32 (links und oben), 47, 56/57, 79, 88, 89, 90/91, 95, 102/103, 118, 119, 120/121, 122, 123, 127, 129, 132, 133, 136, 137, 140/141, 143, 144, 146/147, 150, 155, 164, 165 (oben), 166/167, 171, 184/185, 187, 189, 193, 197, 200/201, 205, 206/207, 228, 238/239, 241, 244, 248, 249, 250/251, 253, 287, 298/299, 256/257, 258, 259, 260, 261, 262/263, 264, 265, 266/267, 268, 269, 270, 271, 276, 277, 278, 279, 282, 283, 284/285, 286 (oben), 287, 288, 290/291, 292 (oben), 293, 294/295, 296/297, 298/299, 301, 302/303, 304/305, 308 (unten), 309, 312.

## DANK

Die Autoren danken allen, die ihnen ihr Wissen über Deutschland vermittelt haben und ihnen in Sachen Dokumentation und Information beratend zur Seite standen, insbesondere: Colette Véron und Sébastien Véron; dem Münchner Verlag Frederking & Thaler; Emmanuel Ducamp und Gabriel de Lastours.

Wir danken auch den folgenden Personen, die einen wertvollen Beitrag zur Bebilderung dieses Buches geleistet haben, indem sie ihre Archive öffneten, Bildmaterial zur Verfügung stellten oder die Recherchen unterstützten: Pascal Boisset, Eva Clausen, Sylvain Calvier, Richard Meara, Patrick Lébédeff, Florence Cailly; das Domhotel in Köln, das Steigenberger Inselhotel in Konstanz, das Romantik Hotel Messerschmitt in Bamberg, das Grand Hôtel Kempinski in Heiligendamm; Solvi dos Santos; das Volkswagen-Museum, Kerstin Alfredsson, die Wuppertaler Stadtwerke, Aldona Kucharska und Sylvie Gabriel (Archive und Photothek Hachette).

Ein Dankeschön auch an Michel Tournier für die Abdruckgenehmigung eines Textauszuges.

**Ein Buch der Partner Frederking & Thaler und GEOSaison**

Die Deutsche Bibliothek – CIP-Einheitsaufnahme.
Ein Titeldatensatz für diese Publikation ist bei
Der Deutschen Bibliothek erhältlich.

Copyright © 2004 Éditions Du Chêne – Hachette Livre
Titel der französischen Originalausgabe »Voyages en
Allemagne«

2. Auflage 2004

Copyright © 2004 für die deutschsprachige Ausgabe
Frederking & Thaler Verlag GmbH, München
www.frederking-thaler.de

Alle Rechte vorbehalten

Übersetzung aus dem Französischen von Karin Boden
und Monique Lütgens

Konzeption und Gestaltung: Marc Walter
Autoren: Alain Rustenholz und Sabine Arqué

Vorwort: Johannes Willms
Bild und Zitatnachweis: siehe Anhang

Lektorat: Irene Rumler, München
Herstellung und Satz: Büro Sieveking, München
Umschlaggestaltung: Dorkenwald Grafik-Design,
Oezer, München
Umschlagfoto vorne: Photo/SVT Bild
Druck und Bindung: Editoriale Lloyd Trieste

Printed in Italy

ISBN 3-89405-630-4

Der ganze oder teilweise Abdruck und die elektronische oder
mechanische Vervielfältigung, gleich welcher Art, sind nicht
erlaubt. Abdruckgenehmigungen für Fotos und Text in Verbindung mit der deutschsprachigen Buchausgabe erteilt der
Frederking & Thaler Verlag.

Umwelthinweis: Das Papier wurde aus chlorfrei gebleichtem
Zellstoff hergestellt und enthält keine Aufheller. Die Ein-
schweißfolie – zum Schutz vor Verschmutzung – ist aus
umweltfreundlicher und recyclingfähiger PE-Folie.